1./2. Lernjahr

Tinette Wargnier

Französisches Wortschatztraining

Schriftlich und kommunikativ

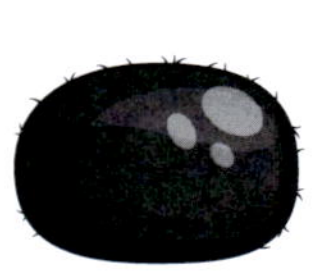

Quels fruits?

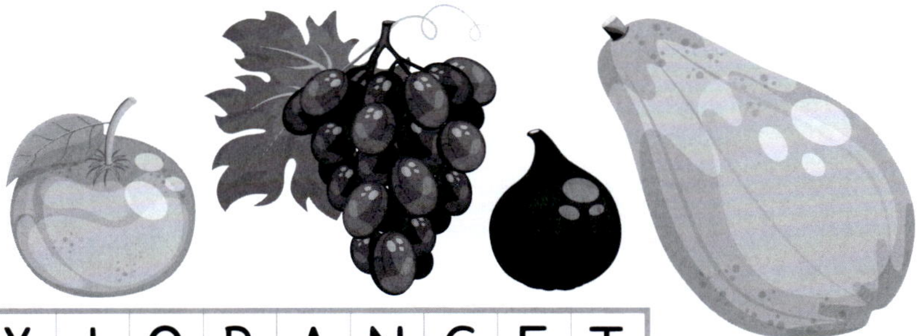

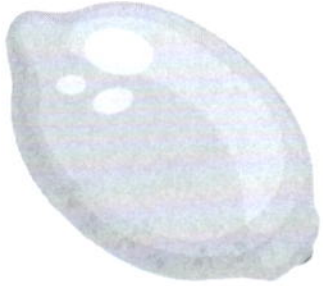

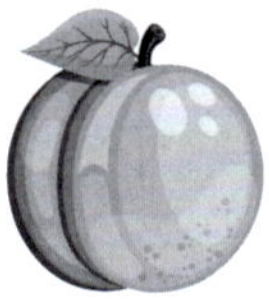

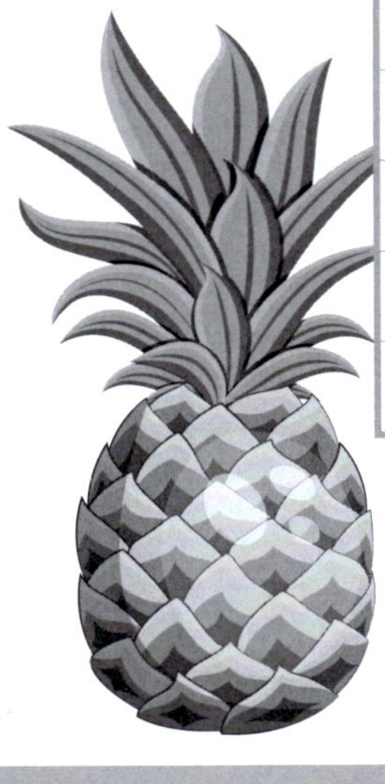

R	X	I	O	R	A	N	G	E	T
A	B	A	N	A	N	E	T	P	H
I	C	X	B	C	I	T	R	O	N
S	P	R	U	N	E	A	E	M	L
I	F	K	A	M	V	B	L	M	P
N	I	P	N	A	Y	R	R	E	A
S	G	Q	A	N	O	I	K	N	P
M	U	N	N	G	H	C	I	X	A
V	E	N	A	U	Y	O	W	F	Y
H	D	L	S	E	M	T	I	R	E

RAISINS
POMME
ORANGE
MANGUE
KIWI
FIGUE
PRUNE
PAPAYE
BANANE
ANANAS
CITRON
ABRICOT

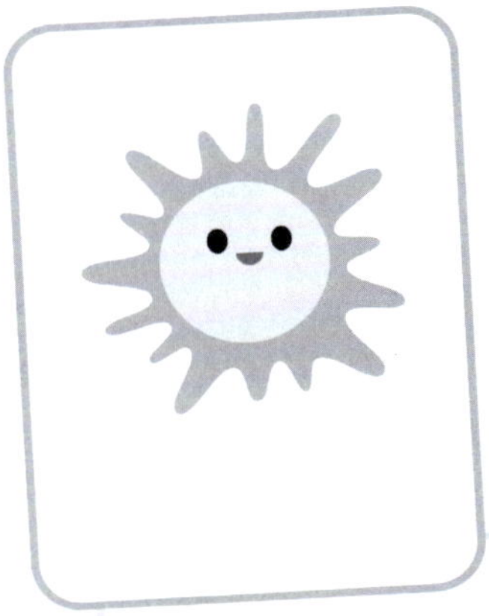

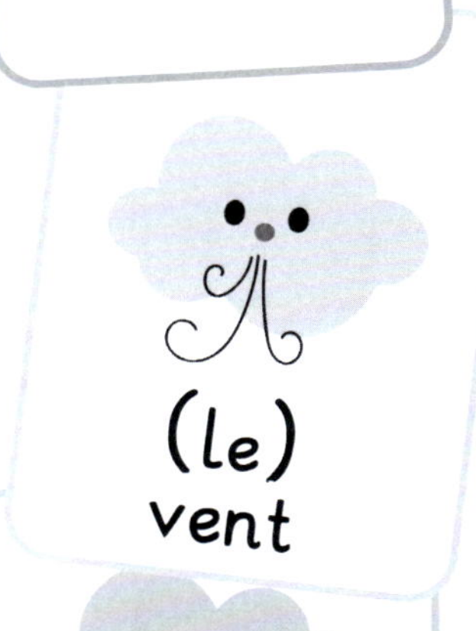

(le) vent

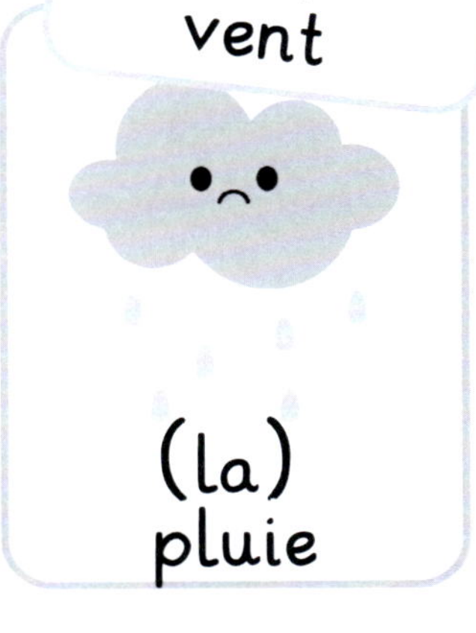

(la) pluie

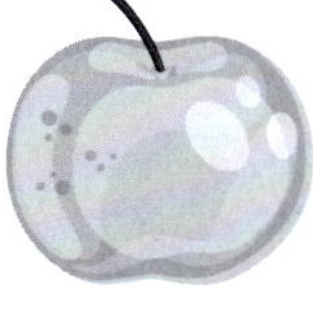

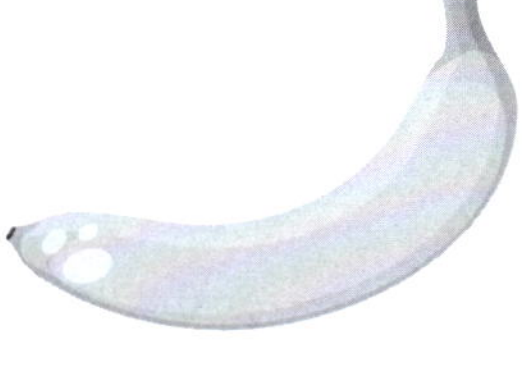

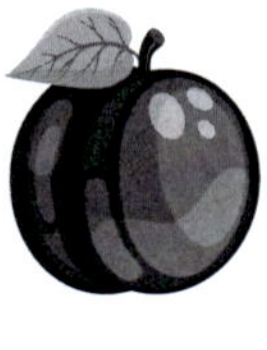

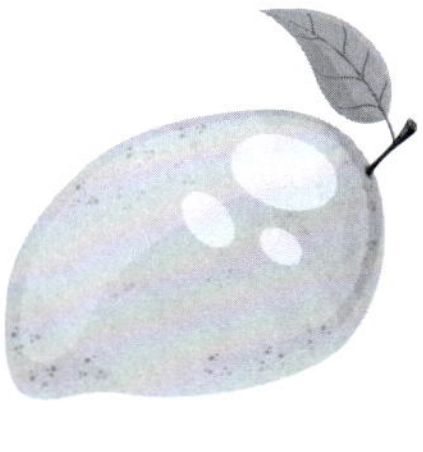

Trouve les mots

Wortgitter & Definitionskarten

Französisches Wortschatztraining

Trouve les mots

2. Auflage 2026

Inhalt: Tinette Wargnier
Coverbilder: © yekaterinalim, Fuat - AdobeStock.com
Redaktion: Kohl-Verlag
Grafik & Satz: Tatjana Wörner & Kohl-Verlag
Druck: Druckhaus Flock, Köln

Bestell-Nr. 13 043

ISBN: 978-3-98841-030-6

Bildquelle © Adobe.Stock.com:

S. 7+46: artinspiring; **S. 8:** artinspiring; **S. 9:** artinspiring, Daniel Berkmann; **S. 10+46:** Tenstudio; **S. 11:** Tenstudio; **S. 13+14+47:** Tartila, Hein Nouwens, Dejan Jovanovic, istry, Good Studio; **S. 15:** photoplotnikov, mix3r, Wiktoria Matynia, istry, ylivdesign; **S. 16+47:** iuneWind, Ivan Kopylov, nsit0108, Kostiantyn, ZinetroN, valvectors, GraphicsRF, macrovevtor, Tatahnka; **S. 17:** Daniel Berkmann, antto, Ivan Kopylov, iuneWind, Kostiantyn, valvectors, macrovector, Tatahnka; **S. 18:** vectorikart, martialred, maxicam, Анна Богатырева; **S. 19+48:** artinspiring, enera, Oleksandr, Eyematrix, Елена Истомина, Rabiya; **S. 20:** artinspiring, biscotto87, Vector Tradition, naddya, Oleksandr, Eyematrix; **S. 21+48:** Angela, chrupka, Christos Georghiou, macrovector, artinspiring, photoplotnikov, Mary Long, olgasalt, absent84, Jane Kelly; **S. 22+48:** artinspiring, Rogatnev, brgfx, Hans-Jürgen Krahl, Oleg, eduardrobert, Happypictures, antimartina; **S. 23+49:** mything, mochipet, Design Anja Becker, keltmd, FARBAI, artinspiring, Cabeza Cuadrada, blueringmedia, Michael, ylivdesign; **S. 24:** Cabeza Cuadrada, brgfx, FARBAI, mything, artinspiring, Design Anja Becker, mochipet, Happypictures, antimartina; **S. 25+49:** StockVector, sabelskaya, nadzeya26, aliaksei_7799, sudowoodoo, Alfmaler, Lin, nathan_0834, Gstudio, Juliafdt; **S. 26:** sabelskaya, nadzeya26, sudowoodoo, Lin, Gstudio, Juliafdt; **S. 27:** Good Studio; **S. 28+50:** Save Jungle, bazzier, Gstudio, ddraw, maglyvi, purplebird, varfolomeija, insima; **S. 29:** bazzier, Gstudio, ddraw, varfolomeija; **S. 30:** Artem, denis_pc; **S. 31+50:** Vitaly, iracosma, brgfx, varfolomeija, Jiw Ingka, victorbrave, MicroOne, ONYXprj, BNP Design Studio, Good Studio, tynyuk, Dobrydnev; **S: 32+50:** GraphicsRF, SpicyTruffel, klyaksun, djvstock, bigmouse108, ONYXprj, iconixar, gomolach, alexandertrou, SportArtGame; **S. 33:** iracosma, brgfx, Jiw Ingka, victorbrave, MicroOne, ONYXprj, BNP Design Studio, Vitaliy, tynyuk, Dobrydnev; **S. 34+51:** John Takai, nezezon, alona_s, VRD, Miceking, robu_s, Evgeniy Zimin, Yaroslav, Morphart, ylivdesign, Valerii, Andrei Kukla; **S. 35:** Manovector, John Takai, Milya Shaykh, Andrei Kukla; **S. 36:** Tartila, Hein Nouwens, Dejan Jovanovic, istry, anatolir, VRD, Engel73, Azuzl, Dos Gatos Studio, ylivdesign, Mademoiselle Bézier, Vectorvstocker, StockVector, Roi_and_Roi, Milya Shaykh; **S. 37+51:** Luslana, yusufdemirci; **S. 38:** evgeniya_m, paprika, Sonulkaster, artinspiring, ii-graphics, LiaRey; **S. 39:** krissikunterbunt; **S. 40+52:** Mareen Vandelay, ecco; **S. 41:** singmu-ang; **S. 42:** val_iva, nadezhdash; **S. 43+52:** Татьяна Пивоварова; **S. 44:** Daniel Berkmann, lembergvector; **S. 45:** ZinetroN, Maxim Grebeshkov

Kontakt: Kohl-Verlag, An der Brennerei 37-45, 50170 Kerpen
Tel: +49 2275 331610, Mail: info@kohlverlag.de

Der vorliegende Band ist eine Print-Einzellizenz

Sie wollen unsere Kopiervorlagen auch digital nutzen? Kein Problem – fast das gesamte KOHL-Sortiment ist auch sofort als PDF-Download erhältlich! Wir haben verschiedene Lizenzmodelle zur Auswahl:

	Print-Version	PDF-Einzellizenz	PDF-Schullizenz	Kombipaket Print & PDF-Einzellizenz	Kombipaket Print & PDF-Schullizenz
Unbefristete Nutzung der Materialien	x	x	x	x	x
Vervielfältigung, Weitergabe und Einsatz der Materialien im eigenen Unterricht	x	x	x	x	x
Nutzung der Materialien durch alle Lehrkräfte des Kollegiums an der lizensierten Schule			x		x
Einstellen des Materials im Intranet oder Schulserver der Institution			x		x

Die erweiterten Lizenzmodelle zu diesem Titel sind jederzeit im Online-Shop unter www.kohlverlag.de erhältlich.

Inhalt

Vorwort

Liebe Kolleginnen und Kollegen,

in unserer globalisierten Welt und dem damit verbundenen multikulturellen Leben findet die Mehrsprachigkeit eine immer größer werdende Rolle. Laut Sprachforschern liegt das optimale Alter für das Erlernen der Grammatik und Phonologie einer Sprache zwischen drei und fünf Jahren. So hält das Erlernen einer Fremdsprache schon seit langem bereits im Kindergarten Einzug, und das nicht nur in Grenzgebieten und interkulturellen Brennpunkten.

Dieses Werk ist eine Sammlung frischer Ideen für Ihren Unterricht und alle Lernenden. Der Wortschatz des ersten Lernjahres in Französisch ist in 13 Kapiteln aufgeteilt. Jedes Kapitel startet mit der Aufgabe, abgebildete Gegenstände in geschriebener Form im Gitterrätsel zu suchen und der entsprechenden Abbildung zuzuordnen. Nach dem Gitterrätsel, das in Einzelarbeit zu lösen ist, hat man das notwendige Vokabular eingeführt oder aufgefrischt. Nun widmet man sich zusammen mit einem Partner den abwechslungsreichen Dialogen, die auf jedes Gitterrätsel folgen. Stellen Sie Ihren Schülern das breit gefächerte Sammelsurium an Dialogen, die in den Lehrwerken leider nicht immer so zahlreich sind, zur Verfügung. So werden Ihre Schüler aktiv. Dabei ermöglichen ihnen die Dialoge stets den gleichen Redeanteil.

Am Ende dieses Bandes befindet sich der übersichtliche Lösungsteil mit den Gitterrätseln in DIN A5-Form. Dieser ermöglicht die Selbstkontrolle und -organisation.

Viel Freude und Erfolg beim Einsatz der vorliegenden Materialien wünschen Ihnen der Kohl-Verlag und

Tinette Wargnier

Methodisch-didaktische Hinweise

Seite 8, 11, 14, 20, 26, 29, 35: Definitionskarten Für die Definitionskarten braucht man mindestens zwei Spieler. Es gilt, sie zuzuordnen. Hier gibt es mehrere Varianten. Diese können individuell abgeändert werden.

- **Variante 1:** Die Textkarten werden an die Mitspieler verteilt. Der Bildkartenstapel wird verdeckt auf den Tisch gelegt. Ein Spieler deckt eine Bildkarte auf. Derjenige, der die entsprechende Definition hat und diese vorliest, erhält die Bildkarte. So werden die Kartenpaare gesammelt. Wer am Ende die meisten Paare hat, hat gewonnen.

- **Variante 2:** Die Bildkarten werden an die Mitspieler verteilt. Der Textkartenstapel wird verdeckt auf den Tisch gelegt. Ein Spieler deckt eine Textkarte auf und liest den Text laut vor. Derjenige, der die dazugehörige Bildkarte vorweisen kann, erhält die Textkarte. So werden die Kartenpaare gesammelt. Wer am Ende die meisten Paare hat, hat gewonnen.

- **Variante 3:** Als herkömmliches Memory® spielen.

Seite 9: Ma famille Jeder Schüler erhält diesen Blanko-Stammbaum und gestaltet ihn individuell. Die Wörterkartei und Formulierungshilfe helfen ihm dabei, seinen Stammbaum einem Partner zu erklären.

Seite 12: Le corps 3 Abwechselnd decken zwei Spieler die verdeckten Karten einzeln auf und lesen dem Partner die Aufforderung vor. Dieser muss die genannte Aktion durchführen.

Seite 15: Les vêtements Partner A beschreibt Partner B den Inhalt seines Kleiderschrankes. Dieser zeichnet die aufgezählten Kleidungsstücke in den leeren Schrank auf seinem Blatt ein. Danach werden die Rollen getauscht.

Seite 17: À l'école 2 Partner A nennt Partner B Feldnummer und Gegenstand. Diesen zeichnet Partner B entsprechend ein. Dann wird verglichen.

Seite 18: À l'école 3 Jeder der beiden Spieler erhält eine Hälfte des Blattes. Die Partner befragen sich gegenseitig bezüglich der Unterrichtsfächer. Sie tragen die Antworten ihrer Partner mit den Symbolen ein (♥ = « Oui, j'aime bien », ✗ = « Non »). Danach prüfen sie auf Richtigkeit.

Seite 21: À la maison Domino®-Karten aneinanderlegen (Bild-Wort-Zuordnung).

KOHL VERLAG Französisches Wortschatztraining Trouve les mots – Bestell-Nr. 13 043

Methodisch-didaktische Hinweise

Seite 24: Nourriture et boissons Es wird zu zweit gespielt. Partner A und B erhalten je eine Dialogkarte. Nun formuliert Partner A an Partner B Fragen nach dessen Vorlieben und Abneigungen beim Essen. Partner B antwortet. Ziel ist es, dass **jeder der Spielenden** die abgefragten Gegenstände entsprechend der Antwort markiert, das heißt: « Oui, j'aime _____. » = Der Gegenstand wird eingekreist, « Non, je n'aime pas _____. » = Der Gegenstand wird durchgestrichen. Das Lieblingsessen (« J'aime _____ le mieux. ») wird doppelt eingekreist. Am Ende vergleichen die Partner ihre Karten. Die Markierungen sollten identisch sein.

Seite 27: Animaux domestiques et de ferme 3 Partner A und B erhalten je eine Dialogkarte. Darauf befindet sich ein Frage- und Antwortteil, sodass sich daraus ein kurzer Dialog ergibt. Die Partner fragen gegenseitig nach ihren Haustieren, deren Namen sowie ihren Lieblingstieren. Alternativ können sie die Fragen bzw. Antworten ihres Partners eintragen. Somit hat jeder einen kompletten Dialog.

Seite 30: Animaux sauvages 3 Partner A und B erhalten je eine Dialogkarte. Darauf befinden sich je 3 Tiere und ihr Lebensraum. Die Partner berichten gegenseitig über die Tiere auf ihrer Karte und deren Herkunft. Dabei sagen sie z. B. « Le lion vit en Afrique. »

Seite 32: Activités de loisir 2 Domino®-Karten aneinanderlegen (Bild-Wort-Zuordnung).

Seite 33: Activités de loisir 3 Es wird zu zweit gespielt. Partner A und B erhalten je eine Dialogkarte. Nun formuliert Partner A an Partner B Fragen nach dessen Vorlieben und Abneigungen der abgebildeten Hobbys. Partner B antwortet. Ziel ist es, dass **jeder der Spielenden** die abgefragten Gegenstände entsprechend der Antwort markiert, das heißt: « Oui, j'aime _____. » = Der Gegenstand wird eingekreist, « Non, je n'aime pas _____. » = Der Gegenstand wird durchgestrichen. Das Lieblingshobby (« Je préfère _____. ») wird doppelt eingekreist. Am Ende vergleichen die Partner ihre Karten. Die Markierungen sollten identisch sein.

Seite 36: Le temps/la météo 3 Partner A und B erhalten je eine Karte, auf der 2 Fragekarten und 2 Antwortkarten mit Lücken zu sehen sind. Partner A fragt Partner B: « Qu'est-ce que tu mets quand il fait froid? » (Er nennt das Wetter entsprechend des Symbols.) Partner B antwortet: « Quand il fait froid, je mets _____. » (Er zählt die abgebildeten Kleidungsstücke auf.) Dann wird gewechselt. Nun fragt Partner B u. s. w. So entsteht ein kleiner Dialog.

Methodisch-didaktische Hinweise

Seite 38: Les saisons et les mois 2 Partner A und B stellen sich gegenseitig Fragen zu den Jahreszeiten und ordnen die Monate zu.

Seite 39: Les saisons et les mois 3 Partner A und B stellen sich gegenseitig Fragen zu ihren Lieblingsjahreszeiten.

Seite 40: Les couleurs 1 Die Schafe entsprechend der Farbangaben ausmalen.

Seite 41: Les couleurs 2 Die Partner erhalten je eine Vorlage mit 4 Kindern. Jeweils 2 Kinder (und ihre Kleidung) müssen entsprechend der sprachlichen Vorgaben des Partners koloriert werden. Ist alles richtig, so sind die Vorlagen am Ende beim Vergleich identisch.

Seite 42: Les couleurs 3 Mit der Vorlage « Blumenwiese » wird so verfahren wie in der Aufgabe auf Seite 42. Hier wird nun das Aussehen der Schmetterlinge beschrieben. Die Partner malen ihren Schmetterling nach der Beschreibung des anderen an.

Seite 44: Les nombres 2 Die Partner diktieren sich abwechselnd Zahlencodes, die es zu entziffern gilt. Ist das Wort gefunden und in die Kästchen eingetragen, muss noch die deutsche Übersetzung aufgeschrieben werden.

Seite 45: Les nombres 3 Klassenspiel – Die Lehrperson händigt im Vorfeld jedem Schüler eine (fiktive) Telefonliste aus, auf der alle Klassenkameraden mit ihren (fiktiven) Telefonnummern stehen. Der Schüler, der beginnt und jemanden anruft, erhält zusätzlich die Telefonkarte « Partner A » und sagt: « *J'appelle le _____ .* », indem er eine Nummer aus der Liste nennt. Der Schüler, dessen Nummer genannt wird, holt sich die 2. Telefonkarte am Pult. Nun führen die beiden ein kleines Gespräch mit dem bereits gelernten Vokabular (z. B. « *Salut, c'est _____. Ça va? On va au cinéma/On joue au football? ...* » etc. Danach kommen 2 andere Schüler an die Reihe.

Tipp: Die Karten können auch laminiert werden. Somit sind sie fester Bestandteil im Klassenzimmer, z. B. an der Lerntheke.

La famille de Marie 1

c	t	h	x	c	t	y	p	p	f	y	-	l	e	o
o	u	f	s	u	a	f	z	m	u	r	c	w	k	r
v	q	p	è	r	e	d	j	f	k	f	è	d	s	t
s	r	u	z	-	a	s	w	d	l	c	h	r	v	j
u	p	u	r	g	w	v	o	n	c	l	e	v	e	q
-	c	c	y	d	r	t	i	n	k	d	l	q	j	m
t	s	w	o	f	b	a	c	o	y	z	d	s	a	y
d	b	o	r	u	m	v	n	l	h	b	e	h	k	h
y	o	o	e	u	s	y	j	d	y	t	a	n	t	e
z	e	g	l	u	t	i	q	v	-	u	m	q	g	b
m	è	r	e	e	r	u	n	g	c	p	s	x	w	b
x	n	q	t	f	j	p	e	n	e	n	è	a	d	w
j	z	i	l	h	t	-	w	d	g	l	j	r	n	x
r	u	r	o	s	e	t	b	t	u	x	d	l	e	e
a	n	g	r	a	n	d	-	m	è	r	e	s	s	n

1. sœur
2. grand-père
3. tante
4. père
5. frère
6. oncle
7. cousin
8. grand-mère
9. mère

La famille de Marie 2

 (la) grand-mère	 (le) grand-père	 (le) frère	 (la) sœur
 (la) tante	 (l')oncle	 (la) mère	 (le) père
une femme avec un enfant (la) mère	**le père de ton père** (le) grand-père	**la fille dans ta famille qui a les mêmes parents que toi** (la) sœur	**un homme avec un enfant** (le) père
la mère de ton père (la) grand-mère	**la sœur de ta mère** (la) tante	**le frère de ta mère** (l')oncle	**le garçon dans ta famille qui a les mêmes parents que toi** (le) frère

Französisches Wortschatztraining
Trouve les mots – Bestell-Nr. 13 043
KOHL VERLAG

Voilà ma famille

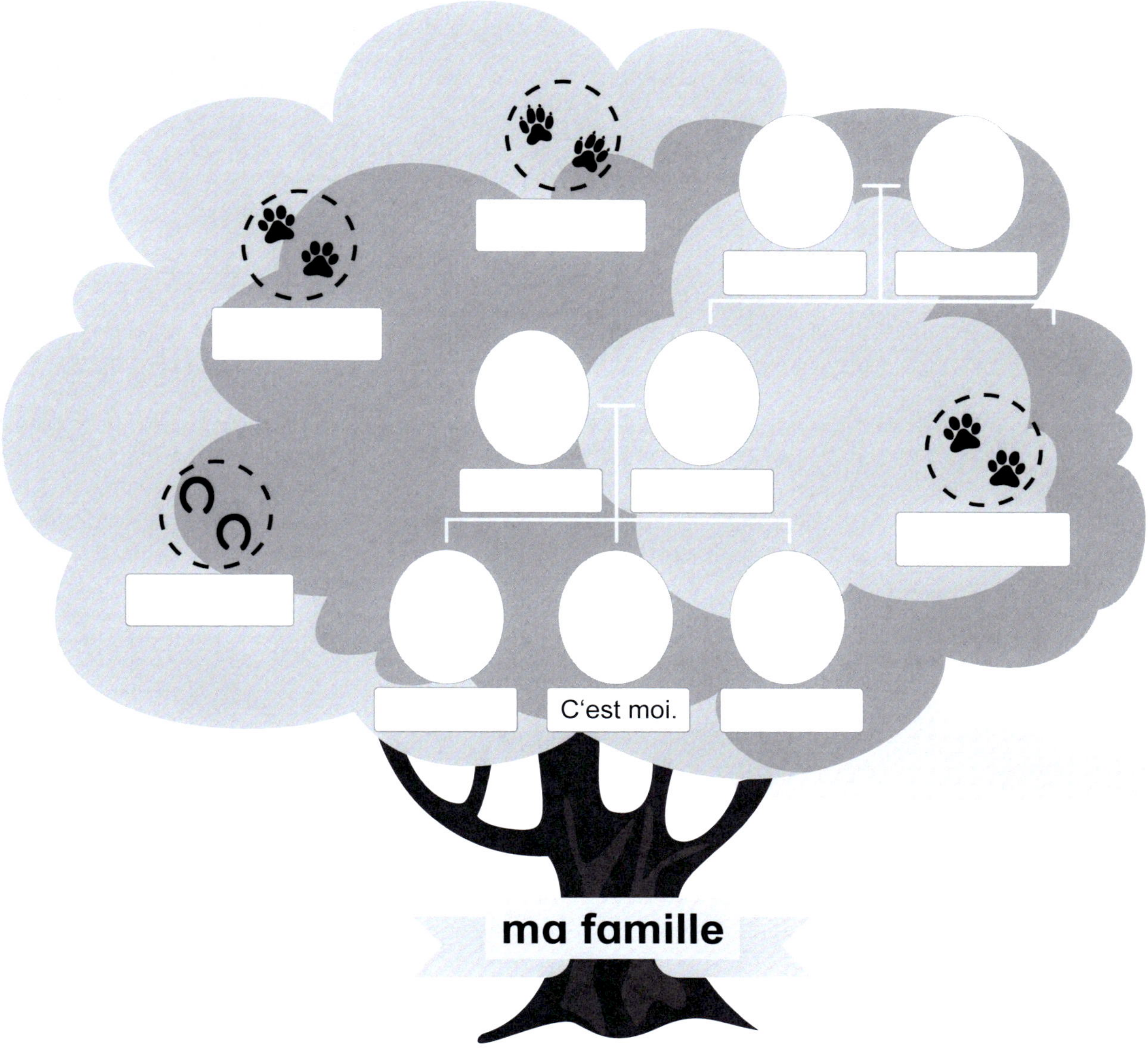

C'est moi.

ma famille

« Voilà ma famille. »

« Le père s'appelle ... »

« La mère s'appelle ... »

« Le chien/le chat s'appelle ... »

Französisches Wortschatztraining
Trouve les mots – Bestell-Nr. 13 043
KOHL VERLAG

Le corps 1

y	f	m	b	f	n	k	t	h	z	a	x	l	s	i
b	q	w	o	k	m	e	c	ê	x	i	c	j	s	w
x	z	w	u	m	f	e	z	t	t	h	v	l	c	s
r	n	l	c	u	u	r	t	i	o	e	t	w	g	q
j	v	y	h	y	f	p	i	e	d	w	s	i	u	h
s	m	a	e	l	s	l	c	e	e	p	i	ê	f	x
n	g	h	u	n	ê	v	k	z	o	k	k	r	d	o
n	g	q	z	b	g	x	e	y	i	e	x	n	a	r
i	e	r	f	n	i	ê	u	u	f	k	i	q	i	e
z	n	t	w	e	f	q	s	b	y	r	f	l	n	i
f	o	f	r	j	q	b	s	r	i	q	s	d	l	l
e	u	l	q	a	e	u	y	a	m	i	u	b	k	l
g	m	a	a	m	t	e	s	s	b	n	z	r	u	e
o	z	p	b	b	x	f	m	j	k	x	i	f	w	p
b	b	w	q	e	m	m	a	i	n	i	r	o	i	b

1. (la) tête

2. (le) genou

3. (l')oreille

4. (l')œil

5. (la) jambe

6. (le) nez

7. (le) pied

8. (la) bouche

9. (le) bras

10. (la) main

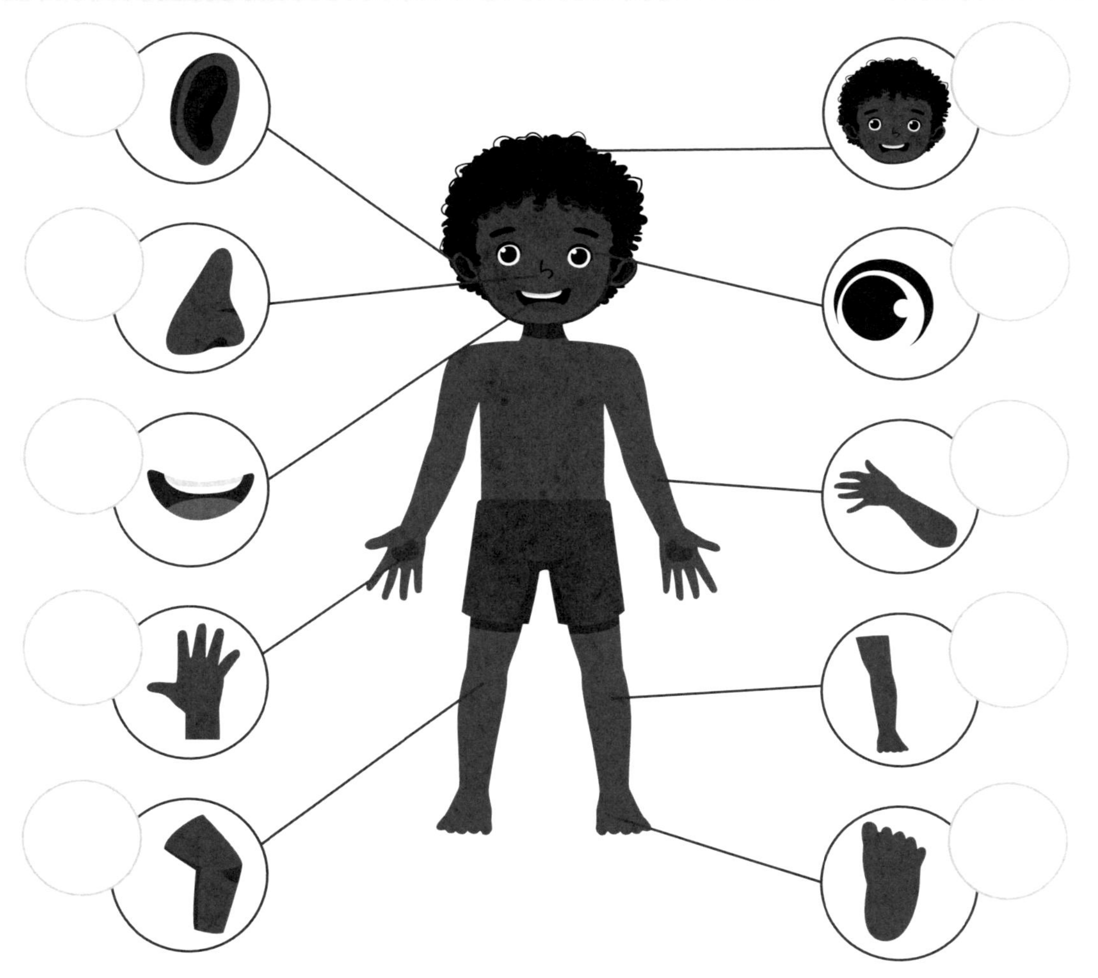

Französisches Wortschatztraining
Trouve les mots – Bestell-Nr. 13 043
KOHL VERLAG

(la) tête

(l')oreille

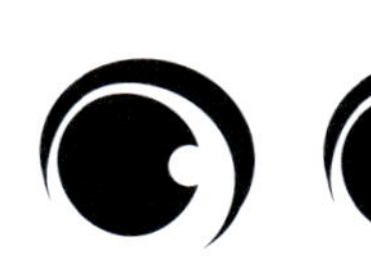
(les) yeux

(la) jambe

(le) nez

(le) pied

(la) bouche

(la) main

Sur les épaules il y a ...

(la) tête

Tu écoutes avec ...

(les) oreilles

Tu peux voir avec ...

(les) yeux

Tu marches avec ...

(les) jambes

Tu sens avec ...

(le) nez

Tu marches sur ...

(les) pieds

Sous le nez, il y a ...

(la) bouche

Au bout du bras, il y a ...

(la) main

Le corps 3

Lève le bras gauche. *Hebe den linken Arm.*	**Lève le pied droit.** *Hebe den rechten Fuß.*	**Montre-moi la main gauche.** *Zeige mir die linke Hand.*	**Montre-moi la main droite.** *Zeige mir die rechte Hand.*
Montre-moi la bouche. *Zeige mir den Mund.*	**Secoue la tête.** *Schüttle den Kopf.*	**Montre-moi les genoux.** *Zeige mir die Knie.*	**Lève le pied gauche.** *Hebe den linken Fuß an.*
Montre-moi l'œil droit. *Zeige mir das rechte Auge.*	**Secoue les bras.** *Schüttle die Arme.*	**Secoue les mains.** *Schüttle die Hände.*	**Montre-moi les oreilles.** *Zeige mir die Ohren.*
Secoue le bras droit. *Schüttle den rechten Arm.*	**Montre-moi les dents.** *Zeige mir die Zähne.*	**Montre-moi le nez.** *Zeige mir die Nase.*	**Lève les épaules.** *Hebe die Schultern an.*

Les vêtements 1

1. (la) chemise **2.** (le) pantalon **3.** (la) jupe **4.** (la) robe
5. (le) manteau **6.** (le) pull **7.** (la) chaussette
8. (la) casquette **9.** (la) veste **10.** (les) bottes

s	h	g	v	b	n	r	e	e	q	r	l	s	k	r
s	s	h	o	e	c	o	o	g	z	y	s	a	u	m
c	s	j	l	u	s	h	y	b	q	b	r	e	a	a
h	z	s	u	f	n	t	a	k	e	c	d	o	k	n
e	m	t	o	p	p	y	e	u	s	c	u	r	e	t
m	v	n	w	l	e	a	e	k	s	r	h	g	t	e
i	m	a	t	n	r	j	l	a	h	s	s	a	b	a
s	o	p	a	n	t	a	l	o	n	v	e	x	t	u
e	v	n	i	v	h	c	f	s	b	q	x	t	m	f
z	b	u	l	b	o	t	t	e	s	q	j	n	t	z
g	o	h	s	b	m	a	d	a	g	d	z	g	e	e
l	e	y	j	q	i	q	n	k	p	u	l	l	c	g
i	t	i	s	b	m	a	j	d	i	h	g	e	e	k
s	l	u	x	c	a	s	q	u	e	t	t	e	f	a
u	b	y	b	i	n	j	t	l	h	o	s	h	i	p

Französisches Wortschatztraining – Bestell-Nr. 13 043
Trouve les mots
KOHL VERLAG Lernen mit Erfolg

Les vêtements 2

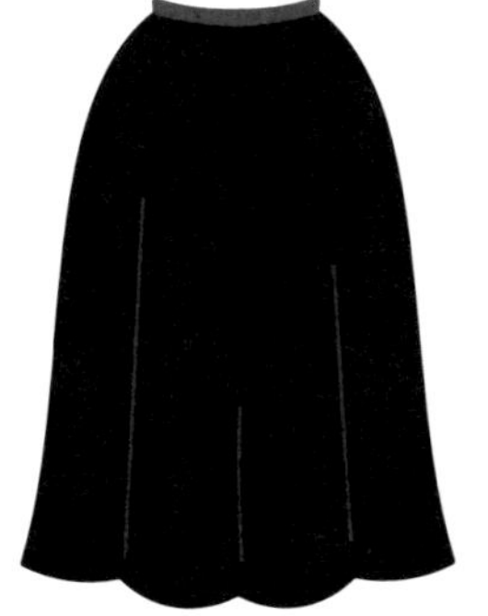			
(la) jupe	(le) manteau	(le) pantalon	(le) short

(les) chaussettes	(la) veste	(les) bottes	(la) casquette
vêtement pour les hommes avec des boutons	**culotte longue jusqu'aux pieds**	**vêtement long contre le froid**	**culotte courte**
(la) chemise	(le) pantalon	(le) manteau	(le) short
« vêtements » pour les pieds	**vêtement court contre le froid**	**chaussures longues jusqu'au genou**	**chapeau sportif**
(les) chaussettes	(la) veste	(les) bottes	(la) casquette

Französisches Wortschatztraining
Trouve les mots – Bestell-Nr. 13 043
KOHL VERLAG

Les vêtements 3

Dans l'armoire

Partenaire A

« Dans l'armoire il y a ... »

(un) pull * (une) veste * (une) jupe * (une) chemise * (un) t-shirt * (un) pantalon * (des) bottes * (un) manteau * (une) casquette * (des) chaussettes * (une) écharpe * (un) chemisier * (une) jupe

Partenaire B

À l'école 1

1. (le) crayon **2.** (la) trousse **3.** (la) gomme **4.** (le) livre
5. (le) cahier **6.** (la) règle **7.** (le) stylo **8.** (le) feutre
9. (le) classeur **10.** (le) sac **11.** (le) taille-crayon
12. (la) table **13.** (la) chaise **14.** (le) tableau

s	h	t	m	k	x	u	d	z	è	l	r	f	c	k
t	r	x	a	h	g	-	g	o	m	m	e	n	l	l
y	o	u	s	i	c	r	a	y	o	n	y	i	a	s
l	b	t	x	w	l	d	c	t	k	o	c	z	s	r
o	s	a	q	c	f	l	q	h	e	g	r	x	s	è
x	s	b	m	a	p	e	e	z	a	b	s	l	e	g
c	a	l	w	-	n	i	u	-	x	i	f	s	u	l
r	f	e	h	h	c	o	n	t	c	w	s	è	r	e
a	e	a	h	y	t	a	u	g	r	r	t	e	b	a
y	a	u	s	x	v	d	h	p	g	e	a	u	i	u
o	u	k	h	s	d	r	i	i	h	e	v	y	r	e
n	f	f	z	r	-	l	a	b	e	e	c	w	o	s
s	a	c	x	l	i	v	r	e	o	r	i	d	u	n
a	v	a	g	b	h	i	w	l	-	a	w	y	h	s
k	t	r	o	u	s	s	e	k	t	a	b	l	e	d

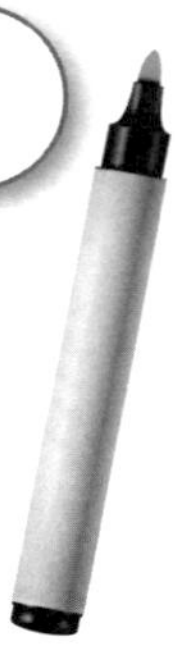

Französisches Wortschatztraining
Trouve les mots – Bestell-Nr. 13 043
KOHL VERLAG

À l'école 2

Partenaire A *Partenaire A dit: « La trousse, c'est le numéro 1. »*

1	2	3	4
(la) trousse	(la) gomme	(le) feutre	(la) règle
5	**6**	**7**	**8**
(le) classeur	(le) sac	(le) cahier	(le) crayon

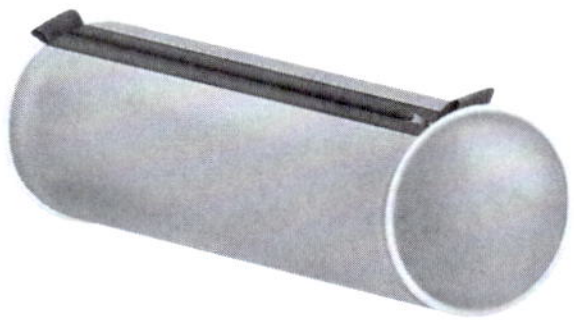

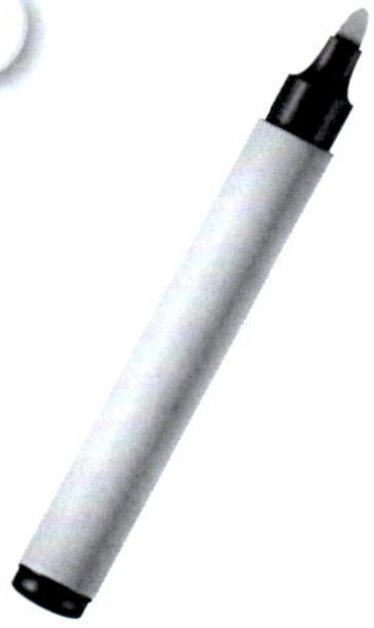

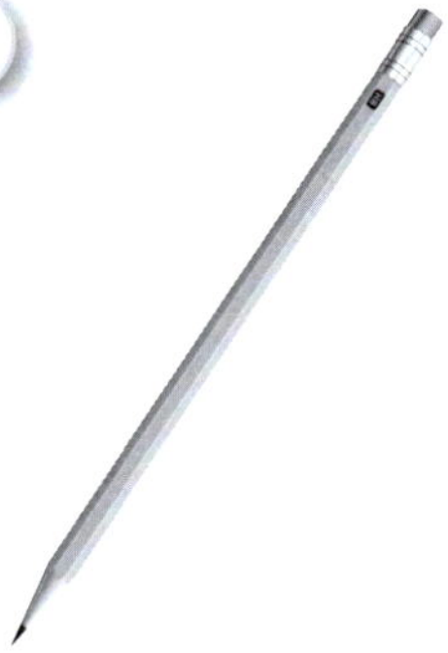

Partenaire B

1	2	3	4
5	**6**	**7**	**8**

À l'école 3

1 **Partenaire A:** Tu aimes ...?	4 **Partenaire A:** Oui, j'aime (♥)/*Non, je n'aime pas* (✕)

2 **Partenaire B:** Oui, j'aime (♥)/*Non, je n'aime pas* (✕)	3 **Partenaire B:** Tu aimes ...?

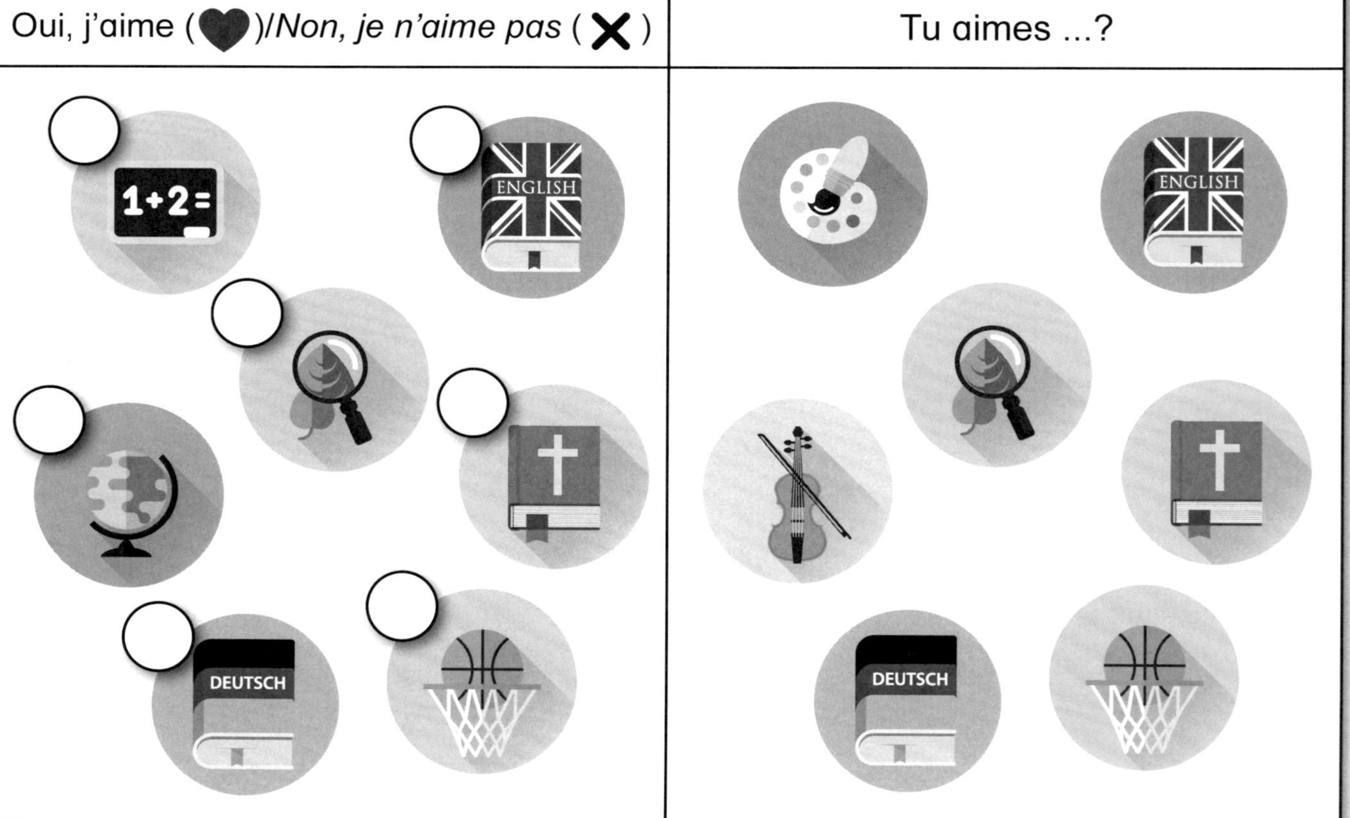

Französisches Wortschatztraining
Trouve les mots – Bestell-Nr. 13 043
KOHL VERLAG

À la maison 1

→ ↓ ↘

1. (le) toit **2.** (la) cuisine **3.** (le) salon
4. (la) salle de bains **5.** (la) chambre **6.** (l')escalier
7. (la) fenêtre **8.** (la) porte **9.** (le) jardin

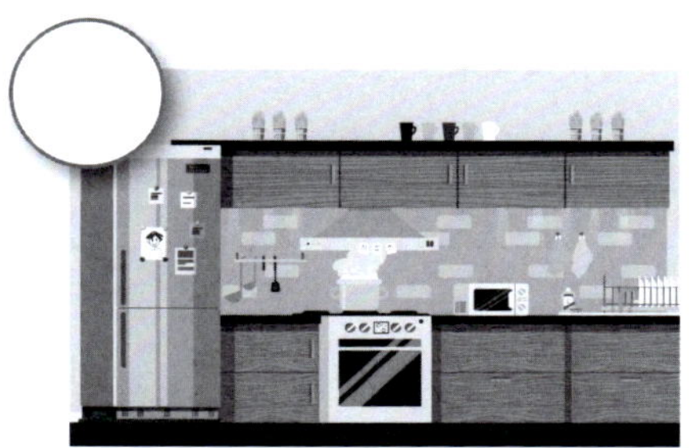

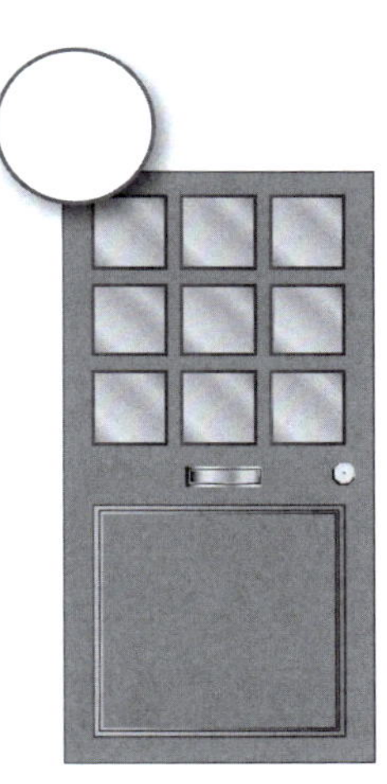

j	w	k	y	m	i	t	p	o	r	t	e	k	u	m
k	s	k	r	o	a	z	l	p	j	r	k	b	j	n
r	b	a	e	q	e	t	g	j	a	r	d	i	n	k
t	y	e	l	h	e	s	b	c	n	v	u	d	j	i
d	t	y	g	l	ê	j	c	h	f	l	a	h	p	k
i	o	h	q	t	e	t	b	a	e	t	s	f	x	t
h	i	h	d	v	c	d	a	c	l	d	k	k	s	c
p	t	b	v	n	r	e	e	e	i	i	e	n	w	i
d	f	e	u	c	x	e	s	b	g	y	e	w	o	l
c	h	a	m	b	r	e	k	e	a	n	g	r	c	o
s	d	c	k	w	v	y	n	ê	j	i	c	w	t	m
c	u	i	s	i	n	e	x	e	e	j	n	m	b	w
f	o	b	x	a	t	x	m	u	c	d	u	s	j	t
x	n	v	f	e	n	ê	t	r	e	z	j	l	v	m
v	h	f	l	h	w	n	g	s	s	a	l	o	n	d

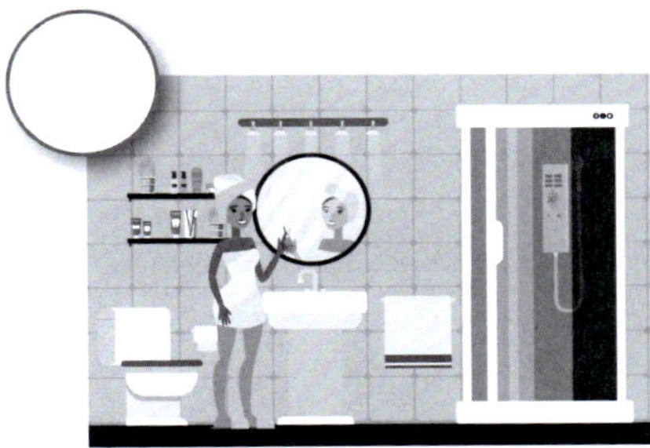

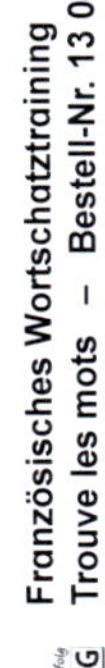
Französisches Wortschatztraining – Trouve les mots – Bestell-Nr. 13 043
KOHL VERLAG

À la maison 2

(la) salle de bains

(la) cuisine

(le) salon

(la) chambre

(la) salle à manger

(le) grenier

(la) porte

(le) balcon

Ici, on prend une douche ...

(la) salle de bains

Ici, on prépare le petit-déjeuner

(la) cuisine

On ferme ou on ouvre ...

(la) porte

Ici, on prend le repas ...

(la) salle à manger

Ici, il y a le canapé et le téléviseur ...

(le) salon

Ici, tu dors et tu te reposes ...

(la) chambre

C'est la plateforme sur la façade de la maison.

(le) balcon

C'est la partie la plus haute dans la maison.

(le) grenier

À la maison 3

(les) rideaux

(le) lit

DÉPART

(l'')escalier

(la) cuisine

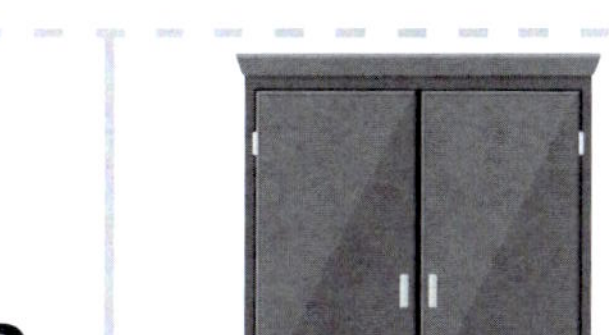

(le) foyer

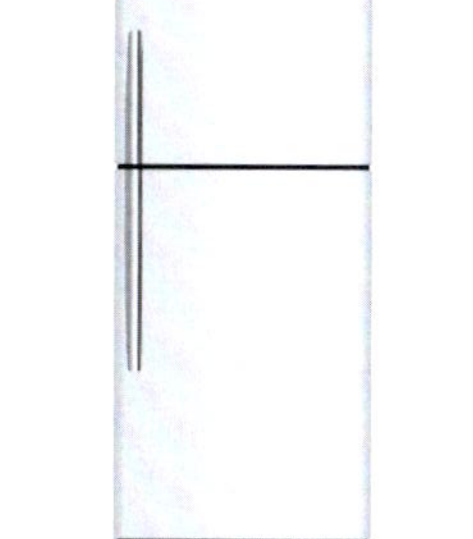

(l'')étagère

ARRIVÉE

(le) tapis

(le) frigo

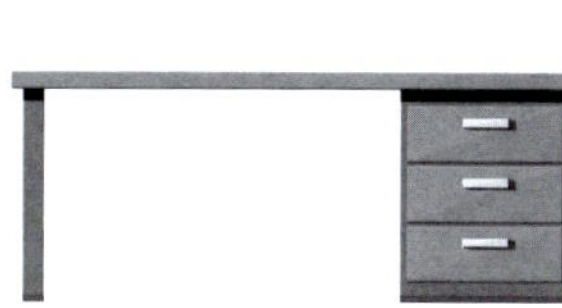
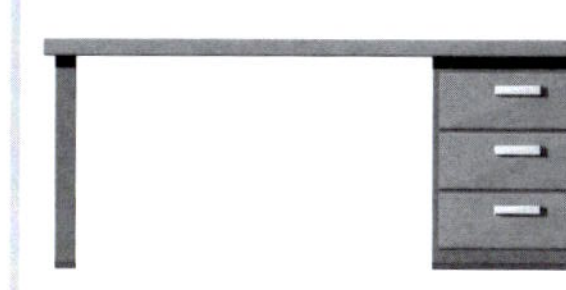
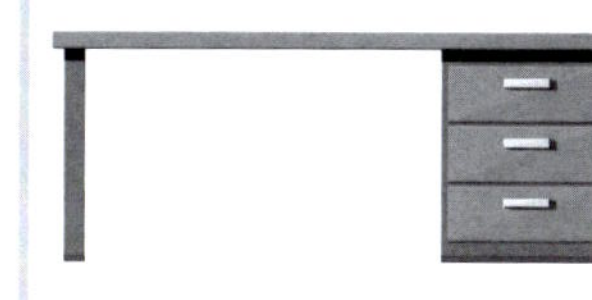
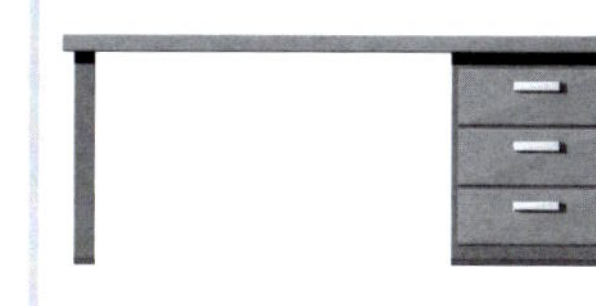

(l'')armoire

(le) bureau

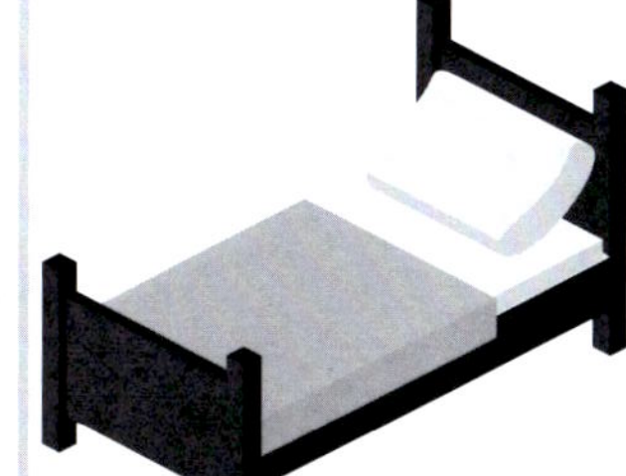

KOHL VERLAG Lernen mit Erfolg
Französisches Wortschatztraining
Trouve les mots – Bestell-Nr. 13 043

Nourriture et boissons 1

1. (les) frites **2.** (les) pâtes **3.** (la) pizza **4.**(le) poulet
5. (le) riz **6.** (la) salade **7.** (les) pommes de terre
8. (le) poisson **9.** (les) œufs **10.** (la) soupe
11. (la) saucisse **12.** (le) lard

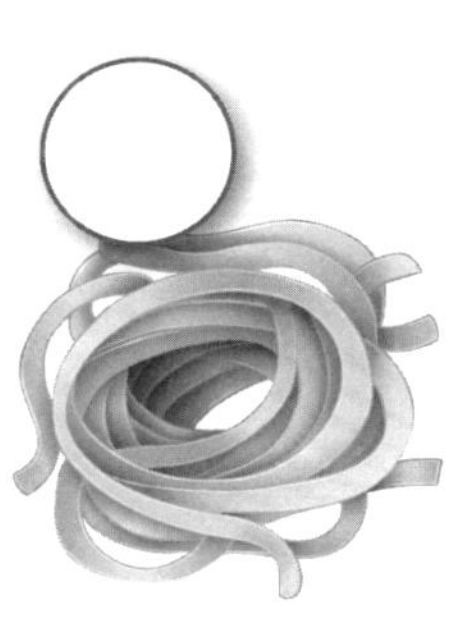

f	p	o	m	m	e	s	d	e	t	e	r	r	e	z
u	o	d	s	u	r	q	i	d	u	a	v	c	â	t
e	o	e	u	f	s	e	p	m	i	z	q	e	x	o
u	u	u	l	s	d	h	h	o	a	o	r	i	z	r
p	k	l	u	h	j	x	n	t	i	n	c	v	i	x
â	a	d	i	h	d	l	c	f	f	s	r	o	u	g
t	e	f	b	f	o	k	a	e	w	l	s	w	d	r
e	x	r	r	h	v	p	u	r	l	i	p	o	k	h
s	f	i	w	s	g	o	p	r	d	s	r	f	n	w
h	h	t	d	o	y	u	j	w	d	p	i	t	l	s
c	o	e	u	u	x	l	d	r	s	a	l	a	d	e
c	o	s	p	p	a	e	c	h	c	â	s	i	y	p
â	z	l	j	e	f	t	o	y	n	r	f	d	m	g
w	x	m	f	b	t	h	s	a	u	c	i	s	s	e
h	p	i	z	z	a	e	v	d	b	q	k	x	f	r

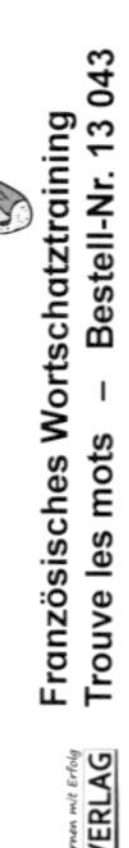

Nourriture et boissons 2

→ ↓ ↘

1. (le) lait **2.** (le) concombre **3.** (la) tomate
4. (le) croissant **5.** (la) fraise **6.** (la) banane **7.** (la) pomme
8. (le) chocolat chaud **9.** (le) thé **10.** (le) gâteau
11. (le) petit pain **12.** (le) jus **13.** (le) pain

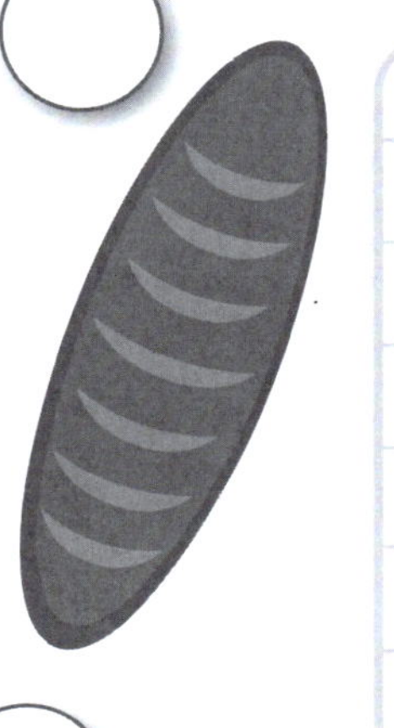

w	b	a	n	a	n	e	z	l	a	i	g	u	q	j
d	h	c	l	h	é	i	c	a	t	j	j	â	g	p
c	j	l	g	n	c	w	e	i	t	k	i	u	r	o
h	h	a	â	a	w	o	e	t	z	o	e	o	s	m
o	e	w	t	f	q	w	n	b	k	k	m	i	x	m
c	v	n	e	e	p	n	d	c	f	n	n	a	a	e
o	e	e	a	l	t	a	p	l	o	r	o	k	t	f
l	b	h	u	z	i	u	i	t	d	m	p	r	v	e
a	é	y	i	f	s	k	i	n	a	o	b	b	i	i
t	m	f	r	a	i	s	e	k	j	s	c	r	r	k
c	q	l	y	o	h	d	r	b	z	f	f	h	e	h
h	e	â	p	e	t	i	t	p	a	i	n	l	z	z
a	c	e	l	r	o	m	s	s	z	n	t	j	b	u
u	c	m	e	t	h	é	p	t	a	p	â	i	d	é
d	n	t	s	u	q	c	r	o	i	s	s	a	n	t

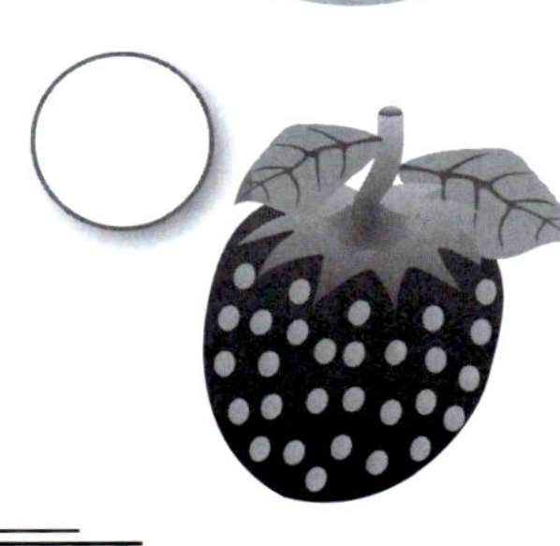
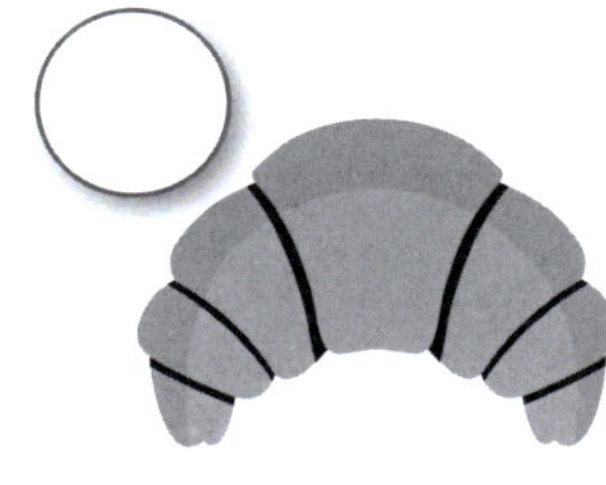

Nourriture et boissons 3

Partenaire A

A: Tu aimes ...?
B: Oui, j'aime ... /
Non, je n'aime pas ...

A: Tu aimes ...?
B: Oui, j'aime ... /
Non, je n'aime pas ...

A: Tu aimes ...?
B: Oui, j'aime ... /
Non, je n'aime pas ...

A: Qu'est-ce que tu aimes le mieux?
B: J'aime ____________ le mieux.

Partenaire B

A: Tu aimes ...?
B: Oui, j'aime ... /
Non, je n'aime pas ...

A: Tu aimes ...?
B: Oui, j'aime ... /
Non, je n'aime pas ...

A: Tu aimes ...?
B: Oui, j'aime ... /
Non, je n'aime pas ...

A: Qu'est-ce que tu aimes le mieux?
B: J'aime ____________ le mieux.

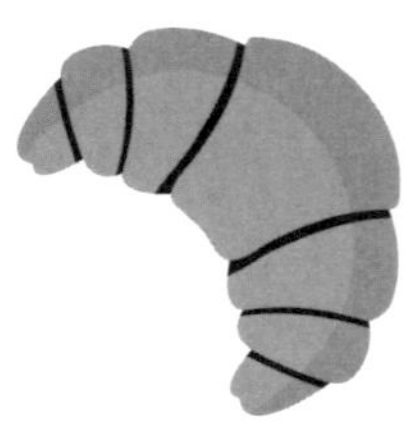

Animaux domestiques et animaux de ferme 1

1. (le) hamster **2.** (le) cobaye **3.** (le) chat **4.** (le) chien
5. (le) cheval **6.** (la) vache **7.** (la) poule **8.** (l')oie
9. (le) mouton **10.** (la) chèvre **11.** (l')âne **12.** (le) canard
13. (le) cochon **14.** (la) perruche **15.** (le) perroquet

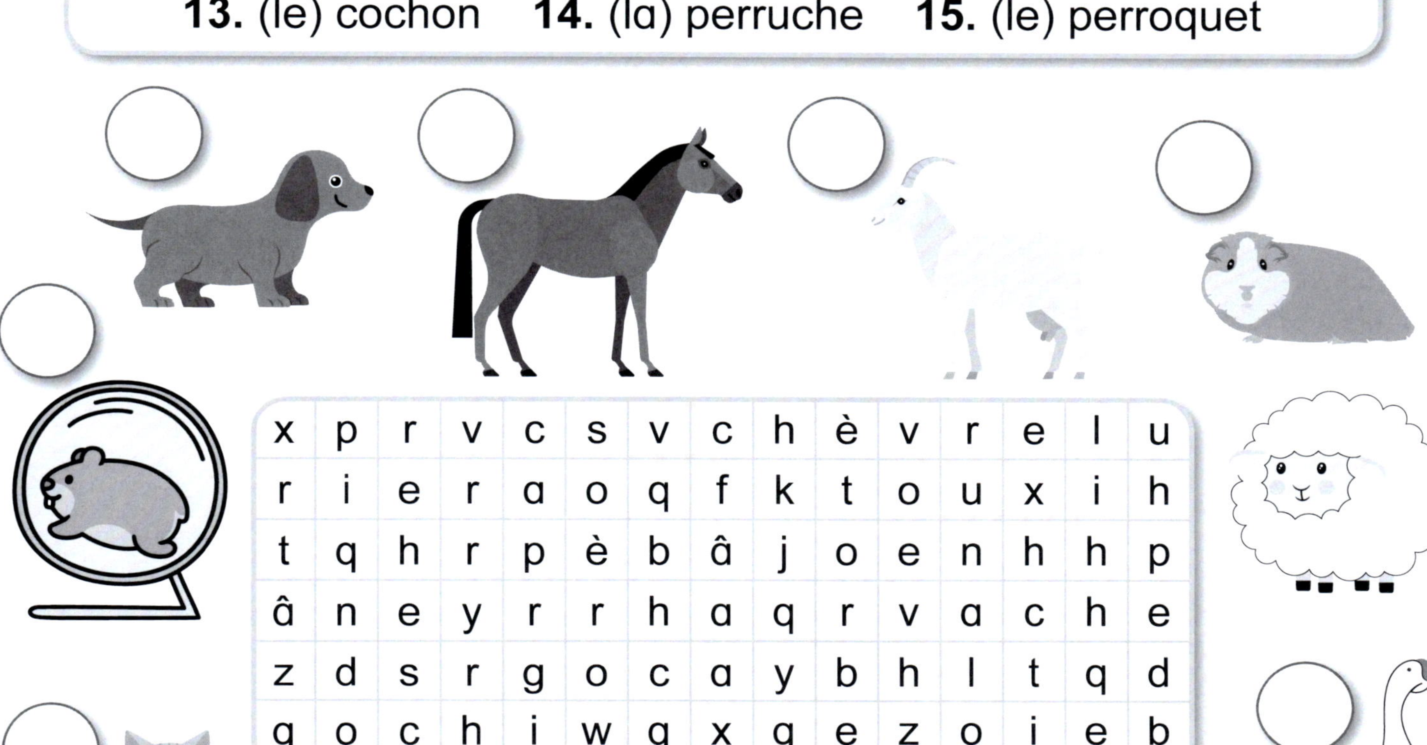

x	p	r	v	c	s	v	c	h	è	v	r	e	l	u
r	i	e	r	a	o	q	f	k	t	o	u	x	i	h
t	q	h	r	p	è	b	â	j	o	e	n	h	h	p
â	n	e	y	r	r	h	a	q	r	v	a	c	h	e
z	d	s	r	g	o	c	a	y	b	h	l	t	q	d
g	o	c	h	i	w	q	x	g	e	z	o	i	e	b
è	w	y	h	a	t	a	u	t	q	p	r	b	d	c
p	c	w	e	e	m	f	m	e	p	u	d	j	p	h
o	e	c	m	v	v	s	u	s	t	g	m	q	p	i
u	r	h	e	a	h	a	t	q	è	h	o	q	c	e
l	f	a	u	r	w	i	l	e	i	u	u	y	o	n
e	u	t	z	m	j	h	h	w	r	c	t	s	c	c
s	m	k	c	a	n	a	r	d	g	k	o	t	h	s
i	h	l	k	u	â	r	j	w	m	u	n	d	o	n
p	e	r	r	u	c	h	e	a	h	n	y	s	n	p

Französisches Wortschatztraining
Trouve les mots – Bestell-Nr. 13 043
KOHL VERLAG

Animaux domestiques et animaux de ferme 2

(le) chien

(le) chat

(le) hamster

(le) canard

(le) cochon

(la) poule

(le) cheval

(la) vache

C'est un animal à quatre pattes. Il vit dans la famille et fait « Ouah ouah! » ...

(le) chien

C'est un animal à quatre pattes. Il vit dans la famille et fait « Miaou! » ...

(le) chat

C'est un animal à quatre pattes. Il est très grand et sensible et a une longue queue.

(le) cheval

C'est un grand animal de ferme qui fait du lait.

(la) vache

C'est un animal de ferme à quatre pattes. Il est rose ...

(le) cochon

C'est un animal de ferme à plumes qui pond un œuf.

(la) poule

C'est un petit animal. Il ressemble à une souris. Il est actif la nuit.

(le) hamster

Cest un animal de ferme à plumes. Il a des pieds orange et aime nager dans l'eau.

(le) canard

Animaux domestiques et animaux de ferme 3

Partenaire A

?	!
A: Tu as un animal? B: ______________________	B: ______________________ **A: Oui./*Non.***
A: Comment il s'appelle? B: ______________________	B: ______________________ **A: Il s'appelle ...**
A: Tu aimes quel animal? B: ______________________	B: ______________________ **A: J'aime ...**

Partenaire B

!	?
A: ______________________ **B: Oui./*Non.***	**B: Tu as un animal?** A: ______________________
A: ______________________ **B: Il s'appelle ...**	**B: Comment il s'appelle?** A: ______________________
A: ______________________ **B: J'aime ...**	**B: Tu aimes quel animal?** A: ______________________

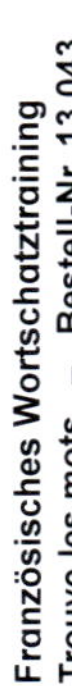

Animaux sauvages 1

1. (le) lion **2.** (le) crocodile **3.** (l')hippo **4.** (la) girafe
5. (le) rhino **6.** (le) tigre **7.** (l')éléphant **8.** (le) serpent
9. (le) cerf **10.** (le) singe **11.** (le) requin **12.** (le) buffle
13. (l')ours **14.** (l')écureuil **15.** (l')aigle

g	r	y	w	é	d	t	p	h	c	q	q	q	r	n
o	e	a	k	h	c	v	c	r	i	n	x	q	l	d
j	q	i	h	é	p	e	t	r	y	p	s	p	d	y
e	u	g	h	c	c	c	r	z	y	t	p	a	h	z
a	i	l	g	u	u	a	r	f	v	a	o	o	h	r
c	n	e	i	r	r	i	n	o	g	v	a	r	j	h
é	v	f	m	e	e	k	s	u	c	r	k	x	s	i
l	g	e	h	u	u	y	b	e	w	o	o	y	h	n
é	d	i	q	i	i	h	u	y	r	c	d	c	i	o
p	u	c	r	l	l	d	f	h	s	p	x	i	p	p
h	v	t	r	a	z	i	f	z	s	r	e	f	l	q
a	s	i	é	w	f	r	l	x	i	o	l	n	a	e
n	n	g	g	f	t	e	e	y	n	n	a	z	t	r
t	t	r	d	m	e	l	l	w	g	h	g	j	p	w
o	r	e	u	o	u	r	s	u	e	k	l	i	o	n

Animaux sauvages 2

(l')hippo

(le) lion

(le) serpent

(l')éléphant

(le) singe

(la) girafe

(le) requin

(le) tigre

C'est un animal très lourd et gros. Il pèse souvent 2 tonnes. Il vit surtout dans l'eau. Il vit en Afrique.

(l')hippo

C'est le roi de la jungle.

(le) lion

C'est un long reptile. Il n'a pas de jambes.

(le) serpent

C'est animal est très gros. Il est gris. Il a de grandes oreilles.

(l')éléphant

Cet animal ressemble à un homme.

(le) singe

C'est animal a un long cou. Il vit en Afrique. Il es jaune avec des taches marron.

(la) girafe

C'est un gros poisson. Il a de grandes dents et vit dans les océans.

(le) requin

C'est un grand chat orange avec des rayures noires. Il vit en Asie.

(le) tigre

Französisches Wortschatztraining
Trouve les mots – Bestell-Nr. 13 043

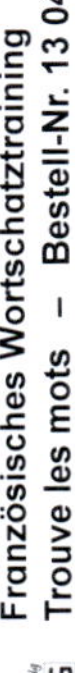

Animaux sauvages 3

Partenaire A

« ____________ vit en ____________. »

(l')éléphant

(la) girafe

(le) lion

Afrique et Asie

Afrique

Afrique

Partenaire B

« ____________ vit en ____________. »

(le) tigre

(l')hippo

(le) panda

Asie

Afrique

Chine

Französisches Wortschatztraining
Trouve les mots – Bestell-Nr. 13 043
KOHL VERLAG

Activités de loisir 1

→ ↓ ↘

1. (le) football **2.** (le) vélo **3.** (la) randonnée
4. (l')équitation **5.** lire **6.** chanter **7.** (les) cartes
8. (les) jeux vidéo **9.** (les) amis **10.** (la) musique
11. (le) ski **12.** (la) cuisson

x	é	z	c	w	p	i	s	l	j	b	q	s	l	f	a	b	g	r	a
z	e	a	j	j	l	w	h	x	i	r	d	a	f	h	v	w	p	a	m
c	n	h	g	j	e	x	c	o	j	r	y	g	e	m	k	é	a	q	i
m	z	d	c	u	i	u	x	h	i	z	e	l	t	g	r	o	l	u	s
r	o	r	y	p	l	b	x	h	c	q	t	p	o	d	n	r	k	o	s
d	a	i	m	i	r	b	c	v	q	c	h	a	n	t	e	r	u	q	i
l	o	n	i	u	a	o	o	x	i	z	g	x	q	n	t	y	i	z	i
e	k	c	b	f	s	y	o	k	é	d	y	b	g	t	x	x	k	a	u
x	m	c	y	é	u	i	v	j	t	q	é	h	l	n	f	i	h	m	q
o	b	v	t	q	j	h	q	h	d	u	d	o	g	q	j	f	w	e	x
r	c	d	j	u	d	d	y	u	b	h	v	z	d	a	m	g	j	p	r
u	a	g	b	i	k	w	e	v	e	u	h	z	u	z	s	t	c	m	p
t	n	s	r	t	b	f	u	o	y	r	a	n	d	o	n	n	é	e	a
d	y	v	y	a	b	o	t	c	a	h	v	c	m	w	n	t	z	j	t
h	s	p	é	t	f	o	s	v	u	e	u	a	n	g	m	c	t	r	t
s	v	b	b	i	a	t	o	s	b	i	g	z	y	i	i	b	n	t	l
m	i	t	u	o	t	b	i	k	m	s	s	i	z	e	c	j	é	d	d
z	f	d	r	n	m	a	e	i	s	m	p	s	f	c	a	r	t	e	s
b	c	e	e	c	m	l	v	i	t	s	h	e	o	t	j	o	m	x	m
v	h	b	k	j	z	l	r	q	y	e	l	h	g	n	u	j	u	d	y

Französisches Wortschatztraining
Trouve les mots – Bestell-Nr. 13 043
KOHL VERLAG

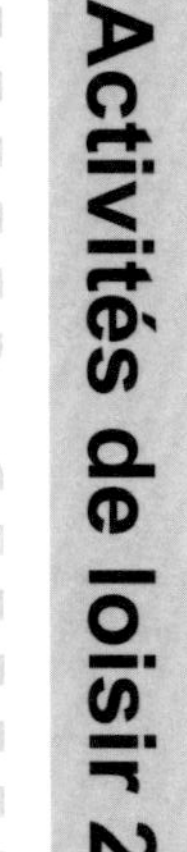

Activités de loisir 2

jouer avec le chien		regarder des films		DÉBUT	
jardiner		faire du patin à glace		jouer au basket	
jouer de la guitare	ARRIVÉE	faire du roller		jouer au ping-pong	 
		nager		aller au cinéma	 

Activités de loisir 3

Partenaire A

A: Tu aimes ... ?
B: Oui, j'aime .../
Non, je n'aime pas ...

A: Tu aimes ... ?
B: Oui, j'aime .../
Non, je n'aime pas ...

A: Tu aimes ... ?
B: Oui, j'aime .../
Non, je n'aime pas ...

A: Quelle activité préfères-tu?
B: Je préfère ...

Partenaire B

A: Tu aimes ... ?
B: Oui, j'aime .../
Non, je n'aime pas ...

A: Tu aimes ... ?
B: Oui, j'aime .../
Non, je n'aime pas ...

A: Tu aimes ... ?
B: Oui, j'aime .../
Non, je n'aime pas ...

A: Quelle activité préfères-tu?
B: Je préfère ...

Französisches Wortschatztraining
Trouve les mots – Bestell-Nr. 13 043
KOHL VERLAG

Le temps/la météo 1

→ ↓ ↘

1. (le) soleil **2.** (la) pluie **3.** (le) brouillard **4.** (la) neige **5.** (le) vent **6.** (l')orage **7.** (l')éclair **8.** (l')arc-en-ciel **9.** (les) nuages **10.** (les) lunettes de soleil **11.** (la) casquette **12.** (le) parapluie

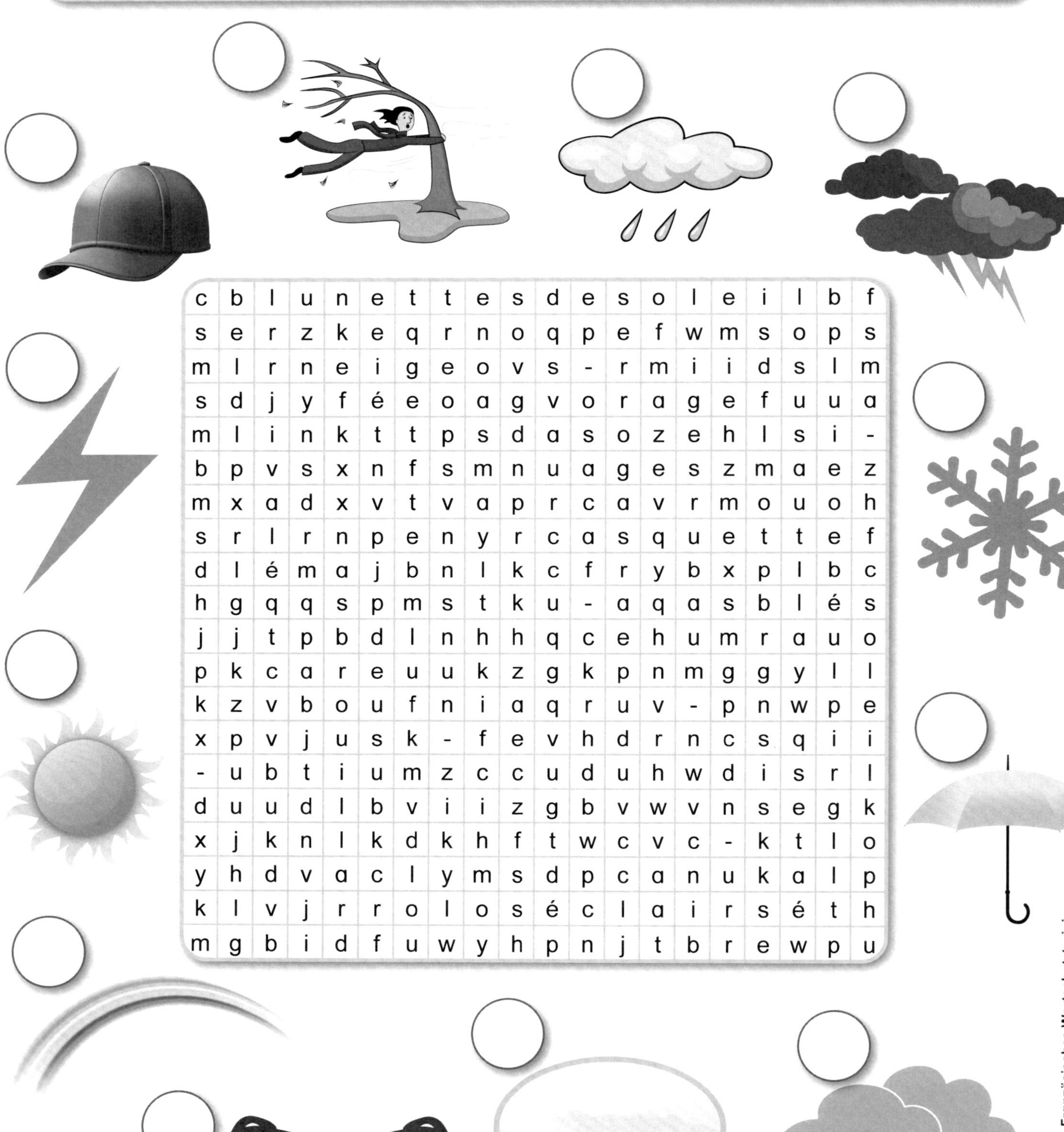

c	b	l	u	n	e	t	t	e	s	d	e	s	o	l	e	i	l	b	f
s	e	r	z	k	e	q	r	n	o	q	p	e	f	w	m	s	o	p	s
m	l	r	n	e	i	g	e	o	v	s	-	r	m	i	i	d	s	l	m
s	d	j	y	f	é	e	o	a	g	v	o	r	a	g	e	f	u	u	a
m	l	i	n	k	t	t	p	s	d	a	s	o	z	e	h	l	s	i	-
b	p	v	s	x	n	f	s	m	n	u	a	g	e	s	z	m	a	e	z
m	x	a	d	x	v	t	v	a	p	r	c	a	v	r	m	o	u	o	h
s	r	l	r	n	p	e	n	y	r	c	a	s	q	u	e	t	t	e	f
d	l	é	m	a	j	b	n	l	k	c	f	r	y	b	x	p	l	b	c
h	g	q	q	s	p	m	s	t	k	u	-	a	q	a	s	b	l	é	s
j	j	t	p	b	d	l	n	h	h	q	c	e	h	u	m	r	a	u	o
p	k	c	a	r	e	u	u	k	z	g	k	p	n	m	g	g	y	l	l
k	z	v	b	o	u	f	n	i	a	q	r	u	v	-	p	n	w	p	e
x	p	v	j	u	s	k	-	f	e	v	h	d	r	n	c	s	q	i	i
-	u	b	t	i	u	m	z	c	c	u	d	u	h	w	d	i	s	r	l
d	u	u	d	l	b	v	i	i	z	g	b	v	w	v	n	s	e	g	k
x	j	k	n	l	k	d	k	h	f	t	w	c	v	c	-	k	t	l	o
y	h	d	v	a	c	l	y	m	s	d	p	c	a	n	u	k	a	l	p
k	l	v	j	r	r	o	l	o	s	é	c	l	a	i	r	s	é	t	h
m	g	b	i	d	f	u	w	y	h	p	n	j	t	b	r	e	w	p	u

Le temps/la météo 2

Il y a du soleil.	Il y a des nuages.	Il y a du vent.	Il neige.
Il pleut.	Il y a un arc-en-ciel.	Il y a des orages.	Il est brumeux.

KOHL VERLAG

Le temps/la météo 3

Partenaire A

?

Qu'est-ce que tu mets quand _____?

!

Quand il neige, je mets _____, _____ et _____.

?

Qu'est-ce que tu mets quand _____?

!

Quand il y a des nuages, je mets ___, ___ et ___.

Partenaire B

!

Quand il y a du soleil, je mets _____, _____ et _____.

?

Qu'est-ce que tu mets quand _____?

!

Quand il pleut, je mets ______, ______ et ______.

?

Qu'est-ce que tu mets quand _____?

Les saisons et les mois 1

→ ↓ ↘

1. (l')été **2.** (le) printemps **3.** (l')automne **4.** (l')hiver
5. janvier **6.** février **7.** mars **8.** avril **9.** mai
10. juin **11.** juillet **12.** août **13.** septembre
14. octobre **15.** novembre **16.** décembre

u	i	v	o	y	y	h	w	n	t	v	y	x	r	k	g	d	q	m	r
u	i	o	k	u	h	l	v	a	o	û	t	v	x	d	j	s	j	b	d
k	l	o	g	l	i	i	m	k	m	b	p	x	v	é	u	n	x	m	b
o	r	v	c	p	w	o	v	i	n	q	s	l	a	c	h	o	e	u	f
m	f	s	s	t	u	c	w	e	a	é	z	r	d	e	x	v	s	i	t
a	r	i	i	b	o	s	j	s	r	v	e	y	z	m	w	e	c	v	f
u	z	h	x	l	r	b	v	a	a	k	c	k	d	b	g	m	r	n	i
t	o	q	é	g	m	m	r	l	n	r	s	d	j	r	t	b	l	y	b
o	s	g	r	u	z	u	p	e	e	v	j	e	s	e	x	r	g	d	a
m	c	c	o	m	a	r	s	w	h	k	i	c	p	p	a	e	r	w	v
n	e	o	s	q	v	k	q	z	m	y	i	e	k	t	q	z	o	s	r
e	x	y	y	p	r	i	n	t	e	m	p	s	r	u	e	i	m	s	i
v	s	w	u	l	h	h	i	q	s	s	l	k	h	n	a	m	j	u	l
q	g	k	q	c	f	a	o	p	t	c	r	o	d	j	u	u	b	s	r
g	y	h	o	f	g	é	h	i	j	l	m	v	w	u	h	r	c	r	n
n	i	r	v	s	c	b	v	n	h	p	a	l	t	i	y	r	n	y	e
x	v	c	l	j	k	q	w	r	g	m	i	m	r	l	a	h	r	z	v
r	é	i	s	t	u	n	x	k	i	v	o	b	e	l	d	k	é	t	é
r	u	s	s	z	h	i	z	j	j	e	y	u	b	e	i	x	d	i	a
t	i	b	t	g	e	g	n	x	a	m	r	e	i	t	k	c	v	t	w

Französisches Wortschatztraining – Trouve les mots – Bestell-Nr. 13 043
KOHL VERLAG

Les saisons et les mois 2

Partenaire A

Partenaire B

Les saisons et les mois 3

Partenaire A

1

?

Quelle est ta saison préférée?

4

!

Ma saison préférée est …

(le) printemps

(l')automne

(l')été

(l')hiver

Partenaire B

2

!

Ma saison préférée est …

(le) printemps

(l')automne

(l')été

(l')hiver

3

?

Quelle est ta saison préférée?

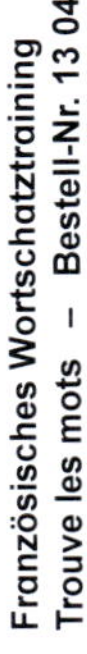

Les couleurs 1

1. marron **2.** noir **3.** rouge **4.** jaune **5.** vert
6. bleu **7.** violet **8.** rose **9.** blanc **10.** gris
11. multicolore **12.** orange

1. 2.  3.  4.

z	u	r	v	m	u	l	t	i	c	o	l	o	r	e
r	r	o	v	z	h	k	u	m	a	u	y	x	x	o
d	r	s	p	w	x	o	n	n	j	g	l	a	l	q
p	k	e	w	b	v	x	r	m	j	a	a	t	m	t
g	n	w	i	o	x	p	s	a	i	g	u	c	j	u
n	u	o	c	r	s	c	r	b	n	t	j	n	r	w
i	d	o	i	q	l	p	g	q	l	g	z	n	e	n
r	s	b	q	r	f	y	r	v	o	e	e	d	z	v
o	z	e	j	w	t	f	i	z	t	g	u	a	b	i
u	b	u	i	v	z	r	s	g	k	h	r	b	w	o
g	j	s	s	m	y	r	w	y	n	r	u	n	v	l
e	p	b	l	a	n	c	s	p	g	k	n	u	f	e
k	k	k	d	d	t	q	m	a	r	r	o	n	x	t
a	l	r	d	p	m	r	v	c	i	a	k	x	s	b
u	s	j	h	l	v	e	r	t	n	s	v	w	e	o

5. 6.  7.  8.

9.

10.

11.

12.

KOHL VERLAG
Französisches Wortschatztraining
Trouve les mots – Bestell-Nr. 13 043

Les couleurs 2

Partenaire A

Asil/(Élodie) a des cheveux	blonds/marron/noirs/roux
Asil/(Élodie) a un pull/un pantalon	rouge/vert/jaune/bleu/violet/ orange/noir/gris
Asil/(Élodie) a des chaussures	grises/orange/bleues/jaunes

Partenaire B

Théo/(Nathalie) a des cheveux	blonds/marron/noirs/roux
Théo/(Nathalie) a un pull/un pantalon	rouge/vert/jaune/bleu/violet/ orange/noir/gris
Théo/(Nathalie) a des chaussures	grises/orange/bleues/jaunes

Les couleurs 3

Partenaire A

« L'aile numéro 5 est rouge. L'aile numéro 6 est orange. L'aile numéro 7 est jaune. L'aile numéro 8 est marron. »

Partenaire B

« L'aile numéro 1 est bleue. L'aile numéro 2 est rouge. L'aile numéro 3 est violette. L'aile numéro 4 est verte. »

Les nombres 1

→ ↓ ↘

1. dix-neuf **2.** neuf **3.** quinze **4.** deux **5.** dix-huit
6. vingt **7.** trois **8.** cinq **9.** treize **10.** quatorze
11. dix-sept **12.** sept **13.** dix **14.** douze **15.** un
16. quatre **17.** seize **18.** onze **19.** six **20.** huit

Les nombres 2

Partenaire A

A	B	C	D	E	F	G	H	I	J	K	L	M
7	4	15	20	16	10	26	5	9	21	13	19	6
N	**O**	**P**	**Q**	**R**	**S**	**T**	**U**	**V**	**W**	**X**	**Y**	**Z**
14	1	24	17	2	22	12	25	11	8	18	23	3

a) 15 – 7 – 10 – 16 – 12 – 16 – 2 – 9 – 7 (CAFETERIA)

b) ☐ ☐ ☐ ☐ ☐ ☐ ☐ ☐

c) 15 – 5 – 16 – 11 – 7 – 19 (CHEVAL)

d) 

e) 24 – 1 – 25 – 19 – 16 – 12 (POULET)

f) ☐ ☐ ☐ ☐ ☐ ☐ ☐

- ✂

Partenaire B

A	B	C	D	E	F	G	H	I	J	K	L	M
7	4	15	20	16	10	26	5	9	21	13	19	6
N	**O**	**P**	**Q**	**R**	**S**	**T**	**U**	**V**	**W**	**X**	**Y**	**Z**
14	1	24	17	2	22	12	25	11	8	18	23	3

a) ☐ ☐ ☐ ☐ ☐ ☐ ☐ ☐ ☐

b) 24 – 7 – 14 – 12 – 7 – 19 – 1 – 14 (PANTALON)

c) ☐ ☐ ☐ ☐ ☐ ☐

d) 2 – 16 – 17 – 25 – 9 – 14 (REQUIN)

e) 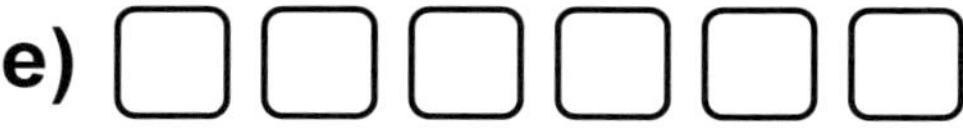

f) 6 – 7 – 14 – 12 – 16 – 7 – 25 (MANTEAU)

Französisches Wortschatztraining
Trouve les mots – Bestell-Nr. 13 043
KOHL VERLAG

Les nombres 3

Partenaire A

<u>Tu appelles quelqu'un</u>

Salut. C'est _____________.

Ça va?

Qu'est-ce que tu fais?
...

À plus. Salut.

Partenaire B

<u>Quelqu'un t'appelle</u>

Salut, _______________.

Ça va bien./*Ça va mal.*

Et toi?

...

À plus. Salut.

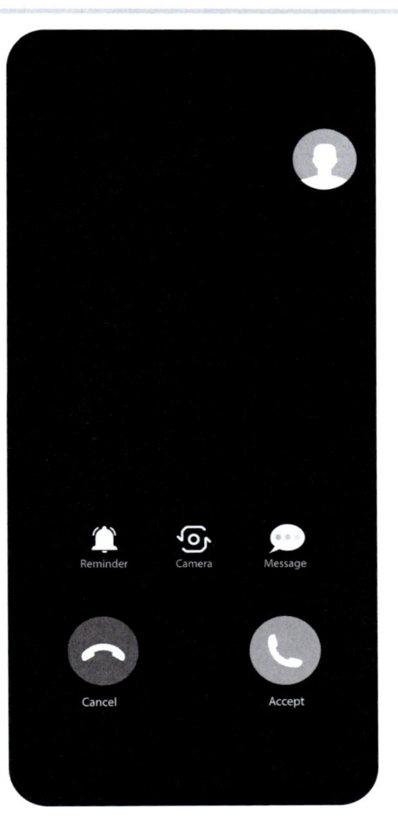

Französisches Wortschatztraining
Trouve les mots – Bestell-Nr. 13 043
KOHL VERLAG

Solutions

S. 7:

c	t	h	x	c	t	y	p	p	f	y	-	l	e	o
o	u	f	s	u	a	f	z	m	u	r	c	w	k	r
v	q	p	è	r	e	d	j	f	k	f	è	d	s	t
s	r	u	z	-	a	s	w	d	l	c	h	r	v	j
u	p	u	r	g	w	v	o	n	c	l	e	v	e	q
-	c	c	y	d	r	t	i	n	k	d	l	q	j	m
t	s	w	o	f	b	a	c	o	y	z	d	s	a	y
d	b	o	r	u	m	v	n	l	h	b	e	h	k	h
y	o	o	e	u	s	y	j	d	y	t	a	n	t	e
z	e	g	l	u	t	i	q	v	-	u	m	q	g	b
m	è	r	e	e	r	u	n	g	c	p	s	x	w	b
x	n	q	t	f	j	p	e	n	e	n	è	a	d	w
j	z	i	l	h	t	-	w	d	g	l	j	r	n	x
r	u	r	o	s	e	t	b	t	u	x	d	l	e	e
a	n	g	r	a	n	d	-	m	è	r	e	s	s	n

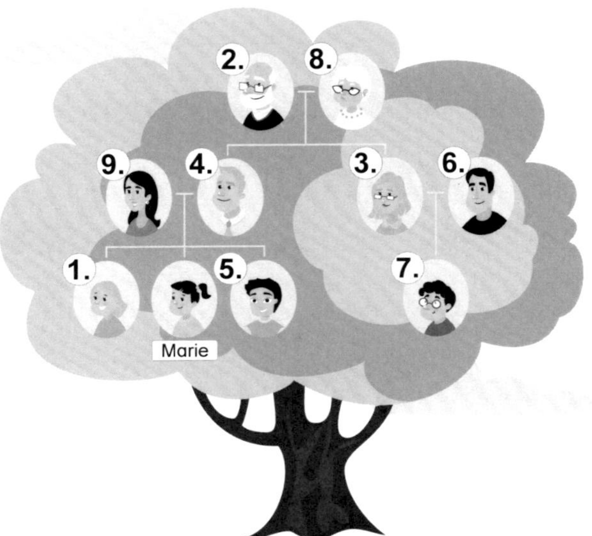

S. 10:

y	f	m	b	f	n	k	t	h	z	a	x	l	s	i
b	q	w	o	k	m	e	c	ê	x	i	c	j	s	w
x	z	w	u	m	f	e	z	t	t	h	v	l	c	s
r	n	l	c	u	u	r	t	i	o	e	t	w	g	q
j	v	y	h	y	f	p	i	e	d	w	s	i	u	h
s	m	a	e	l	s	l	c	e	e	p	i	ê	f	x
n	g	h	u	n	ê	v	k	z	o	k	k	r	d	o
n	g	q	z	b	g	x	e	y	i	e	x	n	a	r
i	e	r	f	n	i	ê	u	u	f	k	i	q	i	e
z	n	t	w	e	f	q	s	b	y	r	f	l	n	i
f	o	f	r	j	q	b	s	r	i	q	s	d	l	l
e	u	l	q	a	e	u	y	a	m	i	u	b	k	l
g	m	a	a	m	t	e	s	s	b	n	z	r	u	e
o	z	p	b	b	x	f	m	j	k	x	i	f	w	p
b	b	w	q	e	m	m	a	i	n	i	r	o	i	b

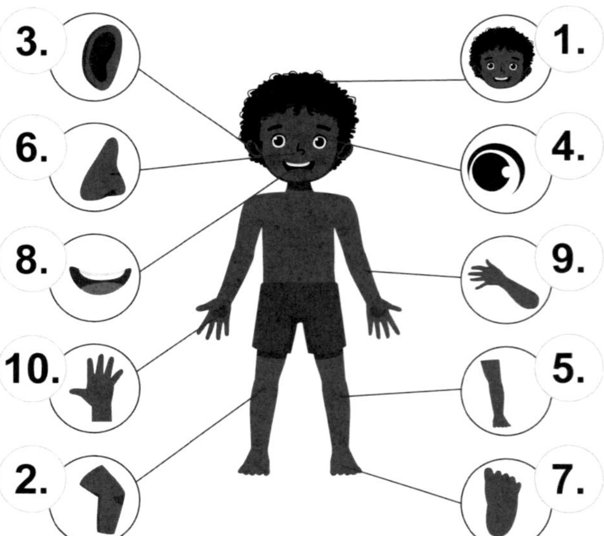

Französisches Wortschatztraining
Trouve les mots – Bestell-Nr. 13 043
KOHL VERLAG

Solutions

S. 13:

S. 16:

Solutions

S. 19:

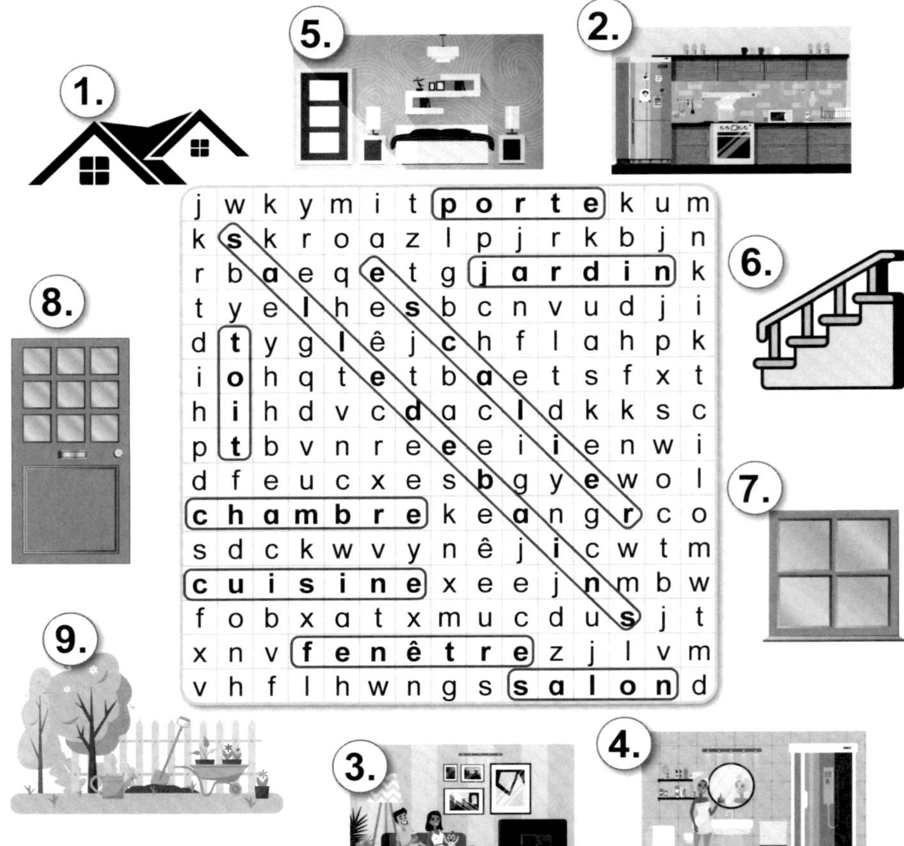

j	w	k	y	m	i	t	**p**	**o**	**r**	**t**	**e**	k	u	m
k	**s**	k	r	o	a	z	l	p	j	r	k	b	j	n
r	b	**a**	e	q	**e**	t	g	**j**	**a**	**r**	**d**	**i**	**n**	k
t	y	e	**l**	h	e	**s**	b	c	n	v	u	d	j	i
d	**t**	y	g	**l**	ê	j	**c**	h	f	l	a	h	p	k
i	**o**	h	q	t	**e**	t	b	**a**	e	t	s	f	x	t
h	**i**	h	d	v	c	**d**	a	c	**l**	d	k	k	s	c
p	**t**	b	v	n	r	e	**e**	e	i	**i**	e	n	w	i
d	f	e	u	c	x	e	s	**b**	g	y	**e**	w	o	l
c	**h**	**a**	**m**	**b**	**r**	**e**	k	e	**a**	n	g	**r**	c	o
s	d	c	k	w	v	y	n	ê	j	**i**	c	w	t	m
c	**u**	**i**	**s**	**i**	**n**	**e**	x	e	e	j	**n**	m	b	w
f	o	b	x	a	t	x	m	u	c	d	u	**s**	j	t
x	n	v	**f**	**e**	**n**	**ê**	**t**	**r**	**e**	z	j	l	v	m
v	h	f	l	h	w	n	g	s	**s**	**a**	**l**	**o**	**n**	d

S. 21:

DÉPART | (le) foyer  | (le) frigo

(le) lit | (le) bureau

(la) cuisine  | (le) tapis  | (l')armoire

(l')escalier | (les) rideaux

(l')étagère | ARRIVÉE

S. 22:

1. 2. 3. 4. 5. 6. 7. 8. 9. 10. 11. 12.

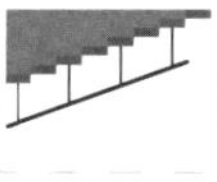

f	**p**	**o**	**m**	**m**	**e**	**s**	**d**	**e**	**t**	**e**	**r**	**r**	**e**	z
u	o	d	s	u	r	q	i	d	u	a	v	c	â	t
e	**o**	**e**	**u**	**f**	**s**	e	**p**	m	i	z	q	e	x	o
u	u	u	l	s	d	h	h	**o**	a	o	**r**	**i**	**z**	r
p	k	l	u	h	j	x	n	t	**i**	n	c	v	i	x
â	a	d	i	h	d	**l**	c	f	f	**s**	r	o	u	g
t	e	**f**	b	f	o	k	**a**	e	w	l	**s**	w	d	r
e	x	**r**	r	h	v	**p**	u	**r**	l	i	p	**o**	k	h
s	f	**i**	w	**s**	g	**o**	p	r	**d**	s	r	f	**n**	w
h	h	**t**	d	**o**	y	**u**	j	w	d	p	i	t	l	s
c	o	**e**	u	**u**	x	**l**	d	r	**s**	**a**	**l**	**a**	**d**	**e**
c	o	**s**	p	**p**	a	**e**	c	h	c	â	s	i	y	p
â	z	l	j	**e**	f	**t**	o	y	n	r	f	d	m	g
w	x	m	f	b	t	h	**s**	**a**	**u**	**c**	**i**	**s**	**s**	**e**
h	**p**	**i**	**z**	**z**	**a**	e	v	d	b	q	k	x	f	r

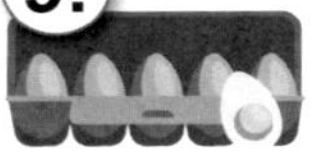

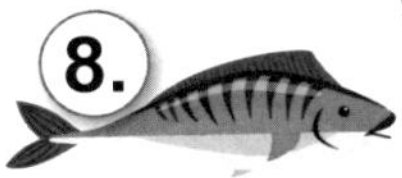

Französisches Wortschatztraining – Bestell-Nr. 13 043
Trouve les mots
KOHL VERLAG

Solutions

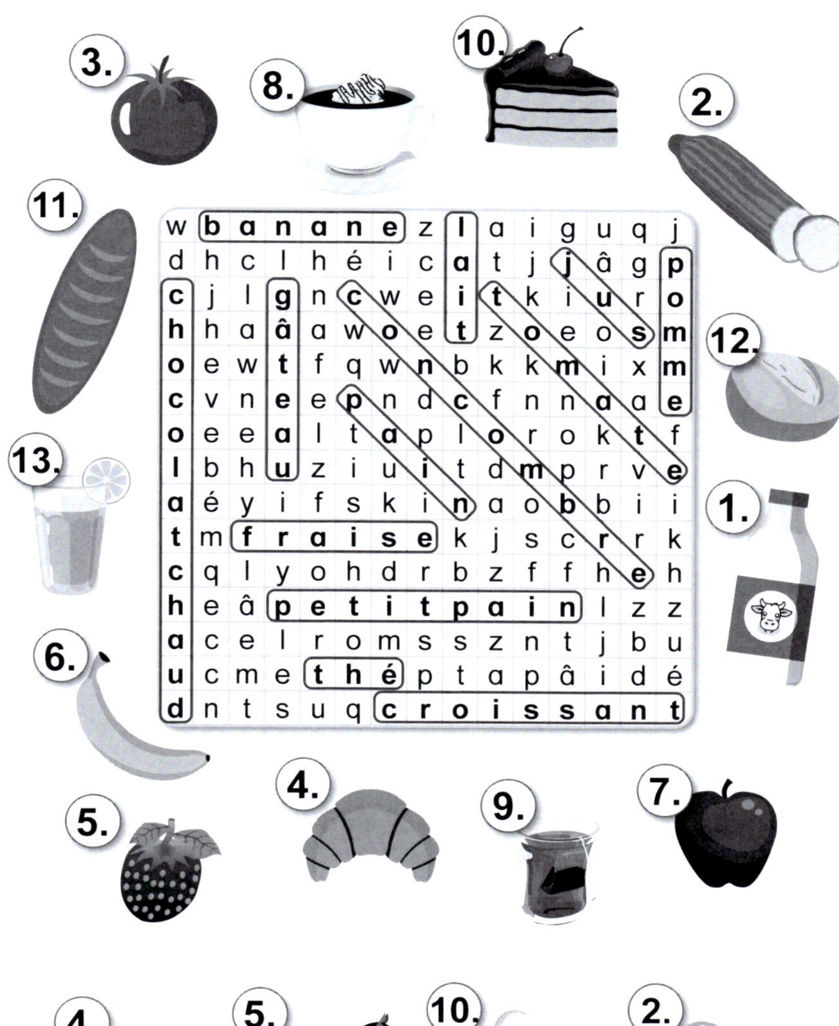

S. 25:

Solutions

S. 28:

S. 31:

11.  9.  7.  2.

1. 3.

x	é	z	c	w	p	i	s	**l**	j	b	q	s	l	f	a	b	g	r	**a**
z	e	a	j	**j**	l	w	h	x	**i**	r	d	a	f	h	**v**	w	p	a	**m**
c	n	h	g	j	**e**	x	c	o	j	**r**	y	g	e	m	k	**é**	a	q	**i**
m	z	d	c	u	i	**u**	x	h	i	z	**e**	l	t	g	r	o	**l**	u	**s**
r	o	r	y	p	l	b	**x**	h	c	q	t	p	o	d	n	r	k	**o**	s
d	a	i	**m**	i	r	b	c	**v**	q	**c**	**h**	**a**	**n**	**t**	**e**	**r**	u	q	i
l	o	n	i	**u**	a	o	o	x	**i**	z	g	x	q	n	t	y	i	z	i
e	k	c	b	f	**s**	y	o	k	é	**d**	y	b	g	t	x	x	k	a	u
x	m	c	y	**é**	u	**i**	v	j	t	q	**é**	h	l	n	f	i	h	m	q
o	b	v	t	**q**	j	h	**q**	h	d	u	d	**o**	g	q	j	f	w	e	x
r	c	d	j	**u**	d	d	y	**u**	b	h	v	z	d	a	m	g	j	p	r
u	a	g	b	**i**	k	w	e	v	**e**	u	h	z	u	z	s	t	c	m	p
t	n	s	r	**t**	b	**f**	u	o	y	**r**	**a**	**n**	**d**	**o**	**n**	**n**	**é**	**e**	a
d	y	v	y	**a**	b	**o**	t	**c**	a	h	v	c	m	w	n	t	z	j	t
h	s	p	é	**t**	f	**o**	s	v	**u**	e	u	a	n	g	m	c	t	r	t
s	v	b	b	**i**	a	**t**	o	**s**	b	**i**	g	z	y	i	i	b	n	t	l
m	i	t	u	**o**	t	**b**	i	**k**	m	s	**s**	i	z	e	c	j	é	d	d
z	f	d	r	**n**	m	**a**	e	**i**	s	m	p	**s**	f	**c**	**a**	**r**	**t**	**e**	**s**
b	c	e	e	c	m	**l**	v	i	t	s	h	e	**o**	t	j	o	m	x	m
v	h	b	k	j	z	**l**	r	q	y	e	l	h	g	**n**	u	j	u	d	y

10.  6.

8.  12.  4.  5.

S. 32:

DÉBUT – jouer au basket  – jouer au ping-pong  – aller au cinéma  – regarder des films  – faire du patin à glace  – faire du roller 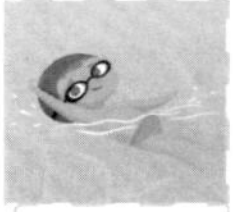 – nager  – jouer avec le chien  – jardiner  – jouer de la guitare – ARRIVÉE

Französisches Wortschatztraining
Trouve les mots – Bestell-Nr. 13 043
KOHL VERLAG

Solutions

S. 34:

S. 37:

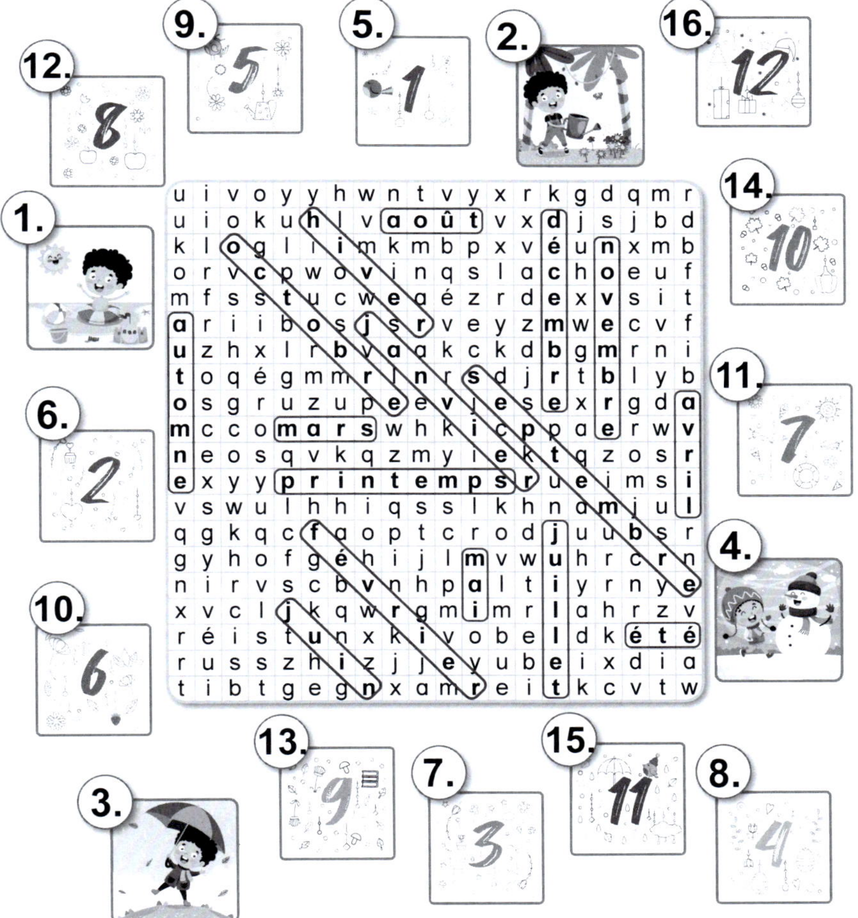

Solutions

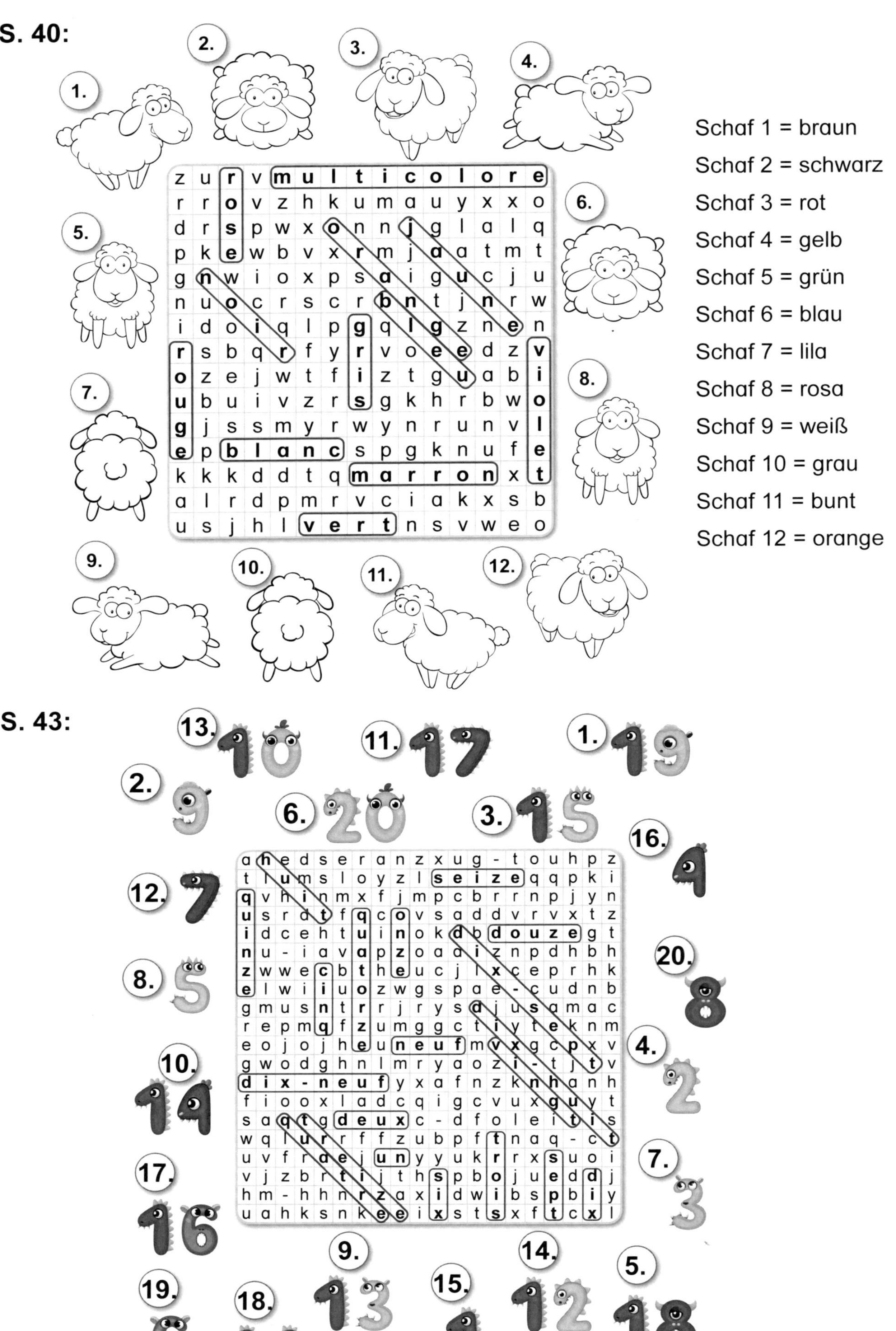
S. 40:
Schaf 1 = braun
Schaf 2 = schwarz
Schaf 3 = rot
Schaf 4 = gelb
Schaf 5 = grün
Schaf 6 = blau
Schaf 7 = lila
Schaf 8 = rosa
Schaf 9 = weiß
Schaf 10 = grau
Schaf 11 = bunt
Schaf 12 = orange
S. 43: